インド密教占術の秘伝

奇跡の霊符と気のパワー

運命学研究所所長

白澤伯典

知道出版

はじめに

私は平成八年に福島県郡山市にある自宅の一室に「運命学研究所」を開設し、「インド密教占術」をもちいて一万人を超える相談者の鑑定と指導に当たってきました。

「インド密教占術」をベースとして、生まれ持った霊視能力、さらに、修行による気のパワーや霊符を用いて人々を開運へと導くことを確立したのです。

私に寄せられる相談は、うつ症状、拒食・過食、難病、原因不明の体調不良などの身体の不調から、恋愛や結婚、子宝、家庭不和や離婚といった家族、夫婦間のトラブル、または進学や、就職や転職、不登校、イジメ、引きこもり、人前での緊張、小心、強迫観念、その他心身の慢性不調、職場での人間関係の悩み、経営の立て直し、借金苦、肩や腰の痛み、不眠、不安感、無力感、倦怠感など、実にさまざまです。

ときには占い師や霊能者、医師という人たちからも相談が寄せられることもあります。

私は「私を頼ってきた人は、みなさん幸せにしてあげたい」と願っていますから、あらゆる相談者の悩みに親身に耳を傾け、みなさんの願いが叶うようにひたすら一生懸命に対応してきました。

私の「インド密教占術」と「気のパワー」、そして「霊符」に込める願いはただひとつ、「私を頼ってくれた相談者を必ず幸せにする」ということです。

おかげさまで、今では口コミで私の評判を聞いた人など、全国から救いを求めて訪れる人が後を絶たちません。全国の相談者の要望もあり、平成十四年からは月に一度、東京で出張鑑定を始め、現在は月に一度の大阪での出張鑑定もおこなっています。

私のもとには、せっぱ詰まった相談がとても多いのが特徴です。しかし、どんな問題にも必ず解決策はあります。諦めてはいけないのです。

「インド密教占術」と「気のパワー」、「霊符」によって悩みの原因そのものが取り除かれるために心が完全に解放されるということを、悩んでおられる人たちに知っていただきたいのです。

特に、現代を象徴するように「心の病気」に関する相談は、全体のほぼ三分の一にも上ります。多くの相談者は私のところにたどり着く前に、心療内科やカウンセラー、霊能者などをまわっています。

本書の中でいろいろとお話ししていきますが、この本をとおして私が一番伝えたいことはただひとつかもしれません。

それは「悩みの原因そのものを取り除くことで心が完全に解放され、誰でも幸せになれる」ということです。もしも今、あなたが深く傷つき悩んでいるとしたら、ぜひ私のところにいらしてください。

辛い「今」は、間違いなく幸せな「未来」に繋がっていたということを感じていただけるはずです。生きていれば、良いことも、辛いこともあります。まちがいも、遠回りもたくさんしてきたことでしょう。

でも、今が積み重なって未来に繋がると自覚すると、今抱えている悩みの原因を取り除くことがどれほど大切であるかわかるのです。そして、私がそのお手伝いができるということです。

また、本書ではできるだけ多くの方の体験をご紹介していこうと思っています。多くの人が経験した体験は、きっとあなたの参考になるはずです。

本書が、どんなに苦しい状況にあったとしても、悩みを取り除くことで、あなた自身が「光り輝く存在」であることの幸せに気づくための一助となることを願っております。

白澤伯典

○奇跡の霊符と気のパワー　目次

第一章

さまざまな悩みを抱えた人たち

新しい人生はいつからでも始められる

「インド密教占術」のお話をするにあたって、まず「人生と悩み」、「運命の仕組み」についてお話ししていきたいと思っています。

「運命」を感じることや「悩み」を抱えることはどのような人にもあります。私のところに初めて来る相談者はいろいろな悩みを抱えています。そんな相談者に向かい合ったとき、相談者が今、現象として現れている「悩み」についてじっくりうかがって、包括的な話をするようにしています。

人は生きていく上でさまざまな悩みを抱えるものです。私の経験から、相談者の悩みがどのようなものであるか、そして私がそれに対して、私の持っている力をどのようにアプローチしていくのかを推し量るために大事な作業です。

この章では、実例をあげながら「人生には悩みがある」「運命という仕組み」について私の考えなどをお話ししていきます。

私が相談者と初めて向きあったときに伝えることは、「人生にムダなことは何一つありません」ということです。

相談者がどのような人であろうと、親身に話を聞き、ときには厳しい口調で言葉を返すこともあります。しかし、それは相手を傷つけるようなものではなく、思いやりから出る言葉なので安心してください。

事実、私のもとには、親子の不仲、失恋や夫婦仲の不和といった個人的な悩みはもとより、企業のトップから経営面の深刻な相談が持ち込まれることもあります。

相談者がどんな肩書きであろうと、社会的地位や肩書きなどにとらわれず、言うべきことはビシッと言います。私のところに来る人は、みんな悩みを抱いて、苦悩している人ですから肩書きなど一切関係なく一緒です。

私を信頼し、耳を傾けて指導したとおりに行動することで経営を立て直したある会社のトップもいます。私も、社会人としていろいろと修羅場をくぐってきていますからそういう経験のすべてが、鑑定にも凝縮されているのだと思います。

不思議なもので、辛い経験も乗り越えて振り返ると、有り難いものに思えるもので、その経験が次のステップへと進む後押しでもあったことに気づくでしょう。このように、人生においてムダなことは何一つありません。

私は自身の経験から得た「愛」「知識」「体験」から「知恵」や「良識」まで、持てるものはなんでも惜しみなく相談者に与えるようにしています。

人間には何歳になっても遅すぎるということはありません。思い立った日がこれからのスタートだと思えば良いのです。今まで失敗したことはリハーサルだと思ってください。今日から本当の自分の人生がはじまるのです。

私は、悩み苦しんで、もがいた人にこそ、私がその人に関わった瞬間から人生に夢と希望を持って生きてほしいと思っています。

夢は必ず実現します。悩みを抱える前の状態よりも、もっと向上できるように私がそのお手伝いをしていくのです。

私はいつも「私があなたの最後の砦です」と相談者にお話ししています。きっと、私以上に相談者の願いを叶えられる者はいません。それを証明してくれているのが、相談者が送ってくださる、たくさんの喜びのお手紙です。

私を頼って信頼してくれた相談者を救い、寄り添ってきたからこそ自信を持って言えるのです。人生はいつからでも始められます。私があなたの願いを叶えますから、けっして諦めずに私を頼ってください。

医者や占い師も頼るほどのパワーは相談者の願いを叶える

悩みを持っている人たちは、みんなそれぞれ自分の悩みが、今、一番大変なのだと思っています。「私のように悩みの深い人間はいない」と。

ですから、ほとんどの相談者は「私の悩みは大丈夫ですか？　解決できますか？」と聞かれます。しかし、私からみればたいしたことのない場合が多いのです。それは、私にとって解決できる悩みだからです。悩みの渦中にいる相談者とっては、夜も眠れない、死んでしまいたいほどの悩みですが、「悩み」はだいたい似たり寄ったりで、好転してくれば「たいしたことなかった」と思えるようになります。

私のもとには、身体の不調からイジメ、引き籠り、恋愛、パワハラ、金銭の悩み、開運まで、さまざまな悩みや願望を持つ相談者が訪ねて来られます。

相談者との会話の中で急を要すると判断した場合や、身体が不自由で訪問ができない人の相談に応えるために相談者の自宅や病院などに伺うこともあります。

私の研究所が福島県郡山市にあるからかもしれませんが、東日本大震災以降は震災に関連した相談も多くなりました。原発事故が起こった同じ福島であっても、郡山市は地震の揺れや放射性物質といった震災の影響はほとんど受けていません。

しかし、避難を余儀なくされた地域の人たちから、「放射性物質の影響を受けないよう気のパワーを入れてほしい」「安心して生活できるよう霊符を書いてほしい」という依頼が増えています。

直接の被害を受けなかった人でも、震災後は精神的なことはもちろん、肉体的にもストレスを受けて体調不良を訴える人が多くいらっしゃいました。その方々が元気になれるように、できる限り地元でサポートしてきました。

私の「気のパワー」や私の書く「霊符」の存在が被災者の近くに存在することで、心の安定を得ていただけるのであれば相談者以上に私自身の力になるのです。

このような天災や身体的な病気で起こる不安や精神の不安定は別にして、「心の病気」といわれる「うつ病」があります。うつ病の相談では専門家であるお医者さんもいらっしゃいますし、学校の教師も来られます。

医師や学生、主婦も来ますが、とにかく多いのはビジネスマンです。パワハラによる「うつ」もありますが、仕事に追われてハードワークが続いていることが多くあります。いきなり「うつ」になったというようよりも、過労がうつ病の根本にあるのです。

うつ病になってしまったサラリーマンの方の多くは、うつの状況から会社を辞めてしまって、現在は引きこもり状態になってしまっています。うつ病の場合、ご本人がいらっしゃる場合もありますが、まずお母さんや奥さんが最初に来られて、二回目からご本人も一緒に来るといったケースが多いのです。

去年のことですが、最初のご相談は奥さんがおひとりで来て、二回目から本人も一緒に来ていただきました。この方の場合、仕事が激務で、それが原因となってうつ病を発症、結果として会社を辞めて、相談当時はなにも活動をしていない状態でした。

ご本人に「気のパワー」を入れるために五回ほど通っていただきました。「霊符」も持っていただくことですっかり、うつの状態から解放されて、今では某県の市役所に勤められるようになりました。

うつ病に気づかずそのまま放置していると、いずれは過労死になるような状況です。職場でのパワハラは深刻で、毎日、毎日上司からガンガンやられます。その上、仕事の絶対量が多いことが重傷へと追い込んでいくのです。

そうなってしまうと、誰だって心身ともに疲れ切ってしまいます。そして結局、うつ病を発症してしまいます。「うつ病」、それは現実逃避です。病気になることで今いる自分の環境から逃げるわけです。逃げていろいろなところをさまよいます。そして、私のところに辿り着く頃には、もうかなり悪くなってしまっているケースが多いのです。

病院の精神科や心療内科に行って、薬でさんざんこじらせて、それでも治らなくて私のところに来る、という人がほとんどです。

このような場合は症状にもよりますが、長い人で職場復帰するまでに、一年かかる場合もあります。もちろん職場復帰する人もいますが、同じ職場に戻る人よりも別の新天地に縁を貰い、新たな就職をスタートさせる人が多いようです。

大事なことは、さんざんこじらせてしまった症状でも、社会復帰ができるまで回復させられるということです。

このように職場が原因でうつ病になってしまった場合は、「新たに良いところに就職できる」という「気のパワー」を入れて、「霊符」を書きます。そこまでやらないと悩みが解消したことにはならないのです。ただ「病気は治りました。でも、仕事がありません」それではあまりにも気の毒です。

また、主婦のうつ病は夫から暴言を吐かれるといったパワハラを受けることでうつ病に陥ることが多いのです。熟年の奥さんの場合、定年退職後の夫との関係が原因というケースが多くあります。奥さんにとって今までの生活サイクルがご主人の定年によってリズムに変化が起こるのです。毎日夫がいる、その上うるさい、というものです。

定年後、夫が一日中家にいて、奥さんがどこかに出かけると、「どこに行くんだ」「何時に帰ってくるんだ」「俺の飯はどうするんだ」と、いちいち細かい事まで干渉してくることがストレスとなります。

定年までは、日中、夫は不在でわりと自由にやっていた奥さんが、朝から晩までご主人がつきっきりで「あれやれ、これやれ」と言われることで精神的にも肉体的にも参ってしまうのです。

私事ですが、私は自宅で仕事をすることが多いので、家事など自分のことは自分でやります。私は男性であっても「自分のことは自分でやるべき」という考え方なので、洗濯と夕食の支度以外は一切家内に任せていません。夕食も家内が在宅のときは作ってもらいますが、不在であれば自炊をします。あとは全部自分でやります。掃除はもちろん、洋服、スーツ、ネクタイの手入れ、靴磨きなどは本当に楽しい作業です。

多くのご主人方も、定年退職したあとは自宅でもっと自分の身体を動かせばいいのです。自分の手足を使って動いていれば、脳と身体は関係がありますので、身体も脳も若さを保つことができます。それを奥さんに「あれやれ、これやれ」と言ってテレビばかり観てソファーに腰かけているから、足腰も弱るし、早くボケてしまうのです。

自分でもっと動けば、足腰も弱らないし、ボケないし、ストレスにもなりにくいでしょうし、奥さんもうつ病になりません。良いことずくめです。

「うつ病」のほかにも経済的な相談も多く受けます。

頑張っても、頑張っても、なにをやっても経済的にうまくいかないという相談者がいます。これについて私は「どうしなさい、こうしなさい」という注意は一切しません。とにかく、徹底的に「気のパワー」と「霊符」で「豊かになる」という術を施します。それだけです。なぜなら、私が相談者に何かを注意したからといって相談者が金持ちになるとか、宝くじに当たるとか、天から金が降ってくるとか、そういうことはないわけです。

このような場合は、やはり「気のパワー」や「霊符」の力を借りて、自分の力の及ばない部分を助けてもらう、ということしかないのです。

また、人間関係で悩んでいる方もかなりいらっしゃいます。

サラリーマンやOLなど、会社内で人間関係がうまくいかずに悩んでいる方も多いのです。そのような悩みの場合は、親子の相談とはまったく違ってきます。

そういったときには、現在の状況をお聞きします。私はあまり本人に対して「こうしなさい、ああしなさい」とは言いません。ほかの占い師であれば「あなたのこういうところに原因がある。ここを直しなさい」とか、「過去世の因縁」などを本人にアドバイスして相談は終わるのですが、「悩み」とはいうのはそんなに単純な問題ではないのです。

そんなアドバイスだけで解決できるのであれば、誰も苦労はしないのです。その人に原因があるとは限らないし、相手に原因がある場合のほうが圧倒的に多いのです。

私はそのような場合、嫌な奴というか、対象となる人間がそこから自然にいなくなるように「気のパワー」を入れていきます。悩みも対象となっている相手が人事異動になるとか、会社を自主的に辞めて別の道を歩き始めるなどの現象が起こればいいのです。そのようになるように「気のパワー」を入れて「霊符」を書くのです。

次に、もうひとつ「気のパワー」を入れて「霊符」を書いて相談者に持っていてもらいます。それは「その人がいじめに遭わなくなる」というものです。この二つの「霊符」でほとんどが解決します。この「霊符」については後の章で詳しくお話ししていきます。

意外かも知れませんが、私のところにいらっしゃる相談者には、お医者さんやお坊さんもかなりおります。その多くは、うつ病で悩んでいます。

医師の場合の相談であれば、患者さんや医療スタッフとの人間関係がうまくいかないことから、うつ状態になってしまうケースが多いのです。

そんな人たちに「なぜ、気のパワーを頼ったのですか」と聞くと、「薬は副作用が強いので、精神的な治療に使われる薬は飲みたくないんです。できれば気のパワーで改善したいと思いました」と言われます。

つまり、精神外科や心療内科に通っても治らないことを医師が感づいているのです。そして、私のところには治らない人が来るのです。

私は相談者のみなさんにお話ししますが、「医者が治せるものは、医者に治してもらってください。医者が治せないものを私が治しましょう」と。

難病治療などは、医者がいくら検査しても原因がわからないと治しようがありませんし、いくら検査しても検査結果に現れない病気もあるでしょう。

そのような症状は医者には治しようがないわけです。でも、私にとって検査結果などは関係なくて治ればいいのです。ですから、医者に「どういう理由で治るんですかね」と聞かれるのですが、私は「私にはわかりません。でも、気のパワーと霊符の力で治ればよろしいいんじゃないですかね」と答えます。理由はどうでもいいですし、治ればいいのです。

お医者さんであれば、数字で表せない「治る」という現象を目の当たりにして「ああ、そうですか」なんて納得いったような、いかないような顔をしています。

なによりもおもしろいのは、占い師や霊能者からの相談です。占いを職業としている人の悩みは「占いのパワーをアップして、もっと当たるようになりたい」という相談がほとんどです。確かに占い師の世界は大変厳しいものです。

このように、患者さんや悩める相談者が頼りとして拠り所とするプロでさえ、私の「インド密教占術」の「気のパワー」と「霊符」を高く評価し、信頼を寄せているのです。

人生に迷ったときに強い味方となる霊視鑑定

私が相談者の悩みと心のケアにどのように取り組んでいるのかをお話ししましょう。

うつ症状や拒食、不眠などの心身の不調には必ず原因があります。本人もそれを薄々でも気づいているはずです。ですから、まず薄々感じている原因を明確に解き明かすことから始めます。

たしかに、「ストレスで胃が痛む」「考えると眠れない」などと言います。これは私たちの身体や心が受けたストレスに反応しているからでしょう。医者の領域でもある病的な原因は別にして、心に原因がある場合は、薬などの「対症療法」といわれる治療は本当の意味での解決にはなりません。

私は、「インド密教占術」と霊視による鑑定で相談者が持っている「運」を観たうえで、話をじっくりと聞き、悩みや苦しみの原因を探っていきます。このような鑑定こそが一人ひとりに合った鑑定であって、的確なアドバイスができる方法だからです。

そのうえで、探り当てた「原因」を確実に取り払うための解決策をとるのですが、それが「気のパワー」であり、「霊符」なのです。

心の悩みを解決するということは「その人の望みを叶える」ことであり、このこと以外にはありません。願いを叶えるために相談者に「気のパワー」を入れ、「霊符」を身に付けてもらいます。それを実際にやってもらうことが悩みを解決するためのスタートです。

失恋の痛みなら一日も早くその痛手から解放されて新しい出逢いが訪れるように、リストラのショックからうつ病になったのであれば、その人が望む企業に就職できる「気のパワー」を入れ、それを実現させます。

このように、一人ひとりが抱える悩みの原因そのものをなかったように取り除いてしまうため、相談者は新しいステージへと立ち上がっていくことが可能なのです。

何年も不眠に悩んでいた人が、「気のパワー」を入れたら「その晩からウソのようにぐっすり眠れるようになりました」と、喜んで電話をくれることもあります。それほど「気のパワー」は強力なのです。

気のパワーと霊符で「母という病」を克服

いつの時代でも相談事で多いのは、子どもの問題です。現代の世相を反映しているように、いじめ、うつ病、引きこもり、親や大人への反抗、受験の悩みなどです。

なかでも学校でのいじめに「霊符」は大きな効果を発揮します。効く人は翌日からピタッといじめが止まります。不登校も同じように学校に行くようになります。このような事例についてはたくさんお礼状をいただいています。

この章では、そのなかから同じ悩みを抱えていらっしゃる方のためにも代表的なものをご紹介していこうと思います。

子どもの悩みの根本にあるのは「母という病」です。要するに、子どもの問題で来られる相談者はだいたい「母親という病」が根本にあります。子どもの悩みは、母親からの相談がほとんどです。父親が相談に来られるのは希《まれ》で、しかも、男の子のことで相談に来るお母さんが圧倒的に多いのです。

たとえば、小学校五年生の男の子を私立の一流中学校に入れたくて母親も頑張って、本人も頑張っていたのに、突然、子どもが勉強をしなくなってゲーム依存症になってしまい、困り果てて相談に来ました。

相談内容はさまざまですが共通しているのは、いずれも母親にとってショッキングなことですが、実は端から観ている人は、うっすら気づいているのです。つまり母親に原因があると。

しかし、当事者の母親はわからないで悩んでいます。このような場合、占い師であろうが祈祷師であろうが、精神科であろうが心療内科であろうが、カウンセラーであろうが、子どもを治しようがありません。

精神科にしても心療内科にしても、本人が精神的に不安定であれば安定剤を出すなど薬に頼ります。しかし、子どもの相談の場合には、根本的な解決の原因がありますから、薬などで解決はできません。もっと根っこの部分から治さないといけません。それにはお子さん本人はもちろんですが、それ以前に母親が「母という病」を治さないと、お子さん本人は治りません。そのことを私はハッキリと母親に伝えます。

多くの場合が一人息子です。弟妹がいたとしても姉妹で男の子はひとり、あとは末っ子か長男です。男兄弟の真ん中というのはほとんどいないのも特徴です。

母親はあまりにも世話を焼きすぎ、うるさく言いすぎ、干渉しすぎという傾向があります。自分（母親自身）が大学に行かなかった、または、有名な大学に行けなかったということで、息子の第一志望は一流大学の名前を言います。つまり、高望みしているのです。

自分が果たせなかった夢を子どもに託し、子どもを叱咤激励するわけです。また、相談者のお子さんに共通しているのは、小さいときは、なんでも母親のいうことを聞いて良い子だったということです。それが小学校五、六年生になってくると、自我が芽生えて反抗期になり、いちいち母親に指示されることがうっとうしくなってきます。

一升桝《ます》には一升しか入らないのです。それなのに大好きな母親にそれ以上を望まれ、それに応えようとして子どもはオーバーヒートになってしまいます。そして、ついにはパンクしてしまうのです。

こうなってしまうと子どもは学校に行かなくなったり、親に反抗したり、ゲームなどに依存するようになったり、昼夜逆転の生活になってしまったり、今までの本人とはガラッと違う人間になったような感じになってしまいます。

子どもは過度のストレスやプレッシャーで押しつぶされると逃げ場を求め、このような状況に逃げ込むのです。まだ心も身体も成長途中である一〇歳ほどの子どもに、そんなプレッシャーをかけたら、耐えきれなくなります。それが、母親にはわからないために「なんでうちの子は急に勉強しなくなったの」「なんで急にゲームばっかりやるようになったの」「なんで？　なんで？　なんで？」となってしまい、母親も「これじゃこの子はダメになってしまう」と焦って、ますます一生懸命に「あれをしなさい」「これをしなさい」「こうじゃなきゃダメ」とさらに干渉をしてしまいます。

こうなってしまうと、どんどん悪い方向、悪い方向に子どもを追い込んでしまいます。だから私は、相談に来たお母さんどなたにも、お子さんの置かれている状況をお話しして、「まず、お母さんから治してください」と言います。するとお母さんは、気づかれます。そして、お願いするときは具体的に「こういうところを、こういう風に直してください」と伝えます。「本当に子どもがかわいかったら、子どもを助けたかったら、まずあなたが私の言ったとおりにしてください」と言います。

私が言ったとおりというのは、たとえば、いちいち干渉してうるさく言わないことです。要するに過度の干渉をしないこと、プレッシャーをかけないことが大切です。

「今日は勉強したの？」などということも一切言わないことです。生活に必要以外のことを母親から話しかけないようにして、その代わりに必要最低限のことはキチンと会話をするのです。

そして、なによりも子どもから話しかけられたときは、ちゃんと優しく答えてあげるということです。

子どもを治すために今ままでかけていたプレッシャーを我慢するのは、お母さんにとっても大変です。ですから、「あなた自身との戦いですよ。あなたが自分との戦いに負ければ、子どもは治りません」と言います。

そして、お母さんにそのような精神状態でいられるように「気のパワー」を入れ、なおかつ「霊符」を書いて持ってもらいます。「霊符」は親用とお子さん用と両方書きます。良い兆しが出てくると、今度はお子さん本人が私のところに来るようになります。本人が私のところに来て、本人に「気のパワー」を入れてあげると、メキメキと治り始め、良い結果が早く出ます。

このようにして今まで子どもの問題を含めて実に多くの人を治してきていますが、近年の徴候として子どもの問題が一番多くなりました。大事なことは、母・子・私の三位一体です。

例1　娘の自傷行為、辛い毎日から明るい光が

また、お母さんが心を痛めるのは子どもが幼いときばかりではありません。成長してから症状が出ることもあります。

そんな忘れられないケースもあります。この方は母の粘りで娘の「健康」と「自信」を取り戻し、大きな飛躍を遂げました。

東京で再会した女性は、初めて会ったときとは別人のような容姿でした。彼女が母親に付き添われてはじめて相談に来たのは二年前のことでした。当時の彼女の顔色は不健康なほど青白く、自力では歩けないほど衰弱していて、その姿は痛々しいほどでした。

彼女は、中学生のときに心身の不調が目立ちはじめ、病院で自律神経失調症と診断されました。心療内科はもちろん心理カウンセラーやセラピスト、占い師、霊能者など、あらゆるところを回っても彼女の症状は一向によくなりませんでした。私のところに来たときの彼女は、睡眠薬を飲んでもほとんど眠れず、食べ物を摂ろうとすると吐き気に襲われるような状況に陥り、やせ細っていました。

私は彼女に対して、集中的に「気のパワー」を入れ、「霊符」を身につけてもらいました。

そうすることで彼女はしだいに回復していったのです。しばらくして元気を取り戻すと、大好きだった語学力を生かせるアルバイトに就くまでに回復していきました。

やがて、自分の力を生かせる企業に就職したいと願うようにまで回復した彼女は、ひとりで私を訪ねて来ました。彼女の回復は、私にとっても大きな喜びでした。就職ができるようにと、「気のパワー」を入れ、「霊符」を身につけてもらったところ、その後、ある大手電器メーカーの海外事業部に見事採用が決まったと報告がありました。

彼女のお母さんから届いた手紙があります。お母さんからのお手紙でもわかるように、彼女は小さい頃から「できる子」「良い子」「優しい子」を大好きなお母さんのために頑張ってきていたのです。そして、徐々に壊れてしまったのです。

● ● ● ● ● ● ● ● ● ● ●

拝啓

あれから一年近く過ぎようとしています。去年の六月、泣きながら過ごした毎日が多少なつかしく感じますが、こんな日々が来るとは夢にも思いませんでした。

思春期に入ってから五年間、今年で二〇歳になる娘との戦いが終息に向かっています。リストカット、オーバードーズ（薬の大量服用）と、自分自身を傷つけてしまう、こんな私は死んだほうがいいと去年の六月は大変な時期でした。

子どものころからなんでも出来る子で、とても優しい娘だったのに、中学生になると少しずつ会話がなくなり、結末は神にすがる思いでした。精神安定薬なしでは生きていけないと思っていましたが、今は見違えるようになりました。

白澤先生に電話をしたのは去年の六月。優しいお声に気持ちが落ち着き、早くお会いしたくて三日間の日々が長く感じました。実は私も初期のガンに冒されていたのです。娘を残して死ぬわけにはいかないという思いで、先生のお宅に向かいました。

あれほど「行かない」といっていた娘が、きちんとお話をして、笑顔がもどるまで一時間半、先生と二人きりにしました。私も「気のパワー」を入れていただき、身体が軽くなりました。

それから親子で何度も何度も、先生にお会いしに行き、辛いことがあると電話でご相談したり、特に娘は、先生にお会いするのにオシャレをしたりするようになりました。

私自身も「表情が明るくなったね」とまわりから言われ、病気の初期のガンも数値が安定しています。

ドクターは首をかしげていますが「良かったね……」と言っています。娘はなんと、一人暮らしを始めて、きちんと仕事をしています。

まだまだいろいろあって、先生のお力をお借りしなくてはいけません。これからの人生に明るい日ざしが見えてきた今を大切にし、これからも白澤先生を信じて、頼りにさせていただいて前に進みたい。親に言えないことも先生になら言えるという娘を少し寂しい気もしますが……。

先生に会えて本当に良かった。あれほどひどかった娘のリストカットも、オーバードーズの傷も薄くなってきて、今時の若い子のようになりました。

「先生がいたからだよ、きっと」と言う娘の笑顔を見るたびに、人生も捨てたものじゃないな、と思います。親子で闘い、親子心中まで考えた心の病……。

先生のおかげで笑い合うことができました。母子で洋服を買いに行ったり、スーパーで食材を選んだり、普通の生活、当たり前のことがこんなに幸せなことなんだと実感しています。

本当にありがとうございます。今後も長くお世話になります。

成功の秘訣をご相談に参りますので、よろしくお願い致します。

敬具

例2　私も変わり、息子も変って今の幸せ

息子さんの登校拒否に悩んでいたお母様のご相談です。あるとき、ある霊能者から「息子が自殺する」と言われて、困り果ててお母様が電話をかけてきました。お話をうかがうと、随分あっちこっちと相談や鑑定にお金を使ったようでした。しかし、残念ながら効果はなく、私のところに救いを求めていらっしゃったのです。

私のところでは「気のパワー」を受けていただき、「霊符」を持っていただきました。すると、一回で願いが叶ったと言うのです。

そして、「私の様な悩みを抱えている人にも、効きもしないところに迷ったりしないように、余計なお金を使わないように、そういう願いも込めてこの手紙を書きました」というお手紙をいただいたのです。左記にご紹介させていただきますので、多くの不登校に悩まれている親御さんの参考になればと思います。

・・・・

白澤先生

私の手紙で少しでも悩める方のお役に立てるならと思い、ペンをとりました。息子は以

いています。

前のように「学校に行くのがつまらない」などと一言も言わなくなり、元気に登校しています。

私も忙しい日々を過ごしていますが、体調の方はすっかり良くなりました。一か月前の自分に話しかけてあげたいくらいです。

子どもが学校に行きたがらなくなって一年以上、暗くて長いトンネルをようやく抜け出せ、光にあたる場所に出られたのも先生のおかげだと深く感謝しています。

子育てでお悩みの他のお母さん方にも少しでも希望の光が射しますよう、前向きになれますようにと願って書いております。

先生にご相談に行くまでは「なぜこんな状況になってしまったのか」と、幼い頃の無邪気な息子の写真を見ては涙を流したときもありました。どこに相談しても、曖昧ではっきりした解決策を言ってくれず「様子をみましょう」だの、「そのうち変わりますから大丈夫」だのと言われても状況はまったく変わらず、ただ月日が流れるだけでした。

相談した先生の中には「担任の先生との相性が悪い」とか、「学校の方位が悪いからこのまま在学していると自殺するから学校を変えた方がいい」とまで言う鑑定士もいました。

自殺するなどと言われてしまっては、子どもの不登校や進路どころではなく、日々、命が絶えやしないかと私の心も揺らぎ、不安に怯えた日もありました。今思うと、このような脅迫的なお答えはお願いだからやめてほしいものです。

世の鑑定士の中で本当に相談者の身になって悩みを聞き、解決し、幸せへと導いてくれる人は何割というか、何パーセントなのでしょう。

私は先生のところに辿り着くまでに一年以上もかかってしまいました。随分、回り道をしましたが、最後に先生のところに辿り着けて本当に良かったです。

東京での初対面のときに、「相談するのはうちが最後にしなさい」とおっしゃった意味がようやくわかりました。私自身も子育てを振り返ると反省するところはたくさんありました。それを気づかせてくれたのも先生です。私も変わり、息子も変わっていくことで今の幸せがあるのだと思っています。

先生、どうかこれからも温かく見守っていて下さい。

いかがでしょうか。

よく「人は本来生まれ持った自分の姿や輝きを取り戻すことが大切だ」と言われます。

でも、私に言わせれば、「本来の姿」を取り戻しても何の意味もないのです。もともと、輝きのある人生を送っている人ならそれでいいのですが、もともと輝いていなかった人、本来の自分が弱い人もたくさんいます。親子の関係でもそれは同じです。

子どもの現象をとおして、母親も子どもも本来の輝き以上の絆を手に入れることができたなら、これに勝る幸福などありはしないのです。

また、親子関係だけではなく、結婚運が弱い人であれば、元来持っている結婚運以上に運を強くしないと、良い人と巡り合って幸せになることはできません。幸せで満足できる結婚ができなかったら、私のところに来てもらう意味がありません。

金運や恋愛、仕事、そのほかの運に関しても同じです。だから、私の「気のパワー」と「霊符」によって、今の状態を超えたすばらしいものにする必要があるのです。

「自分がもともと持っていた運や能力以上のものを手に入れる」「本来の人生を超える幸福な人生を送る」ということは誰しも望むことです。その願いを私がサポートすることで実現できるのです。

これはけっして不可能なことではなく、実際に鑑定後には、かなり優れた成果が出ており、たくさんの相談者からの感謝の手紙が証明してくれています。

何よりも大切なのは、私と関わった一人ひとりが心身共に幸せになっていくことです。私は、ただそれだけを使命と考えて一生懸命鑑定しているのです。相談者のみなさんが生まれ持った本来以上のものを手に入れ、ドンドン幸せになっていったら、世の中はもっと輝き、良いオーラに包まれていくでしょう。

第二章

「占い」では運命は変えられない

占いの本質とはなんでしょう

持って生まれた本来の姿、「運」についてはカンタンにお話ししましたが、一般的に運は良いときのほうが少ないものです。もちろん一生を通して良い人もいますが、多くの人は「良いとき」と「悪いとき」があります。

私自身のことを振り返っても、良い運が六割、悪い運が四割だと思います。私は占いの世界に入るまで、運が悪いときにジタバタと動くことで、さらに状況を悪くしてしまったことがあります。

つまり「悪いときは動いてはいけない」のです。「動くべきか、動かざるべきか」それを知る術が「占い」なのです。自分の運が悪いときに動いたりするとインチキな情報に飛びついてしまったり、頼ってしまうのです。とかく悪いときは動きたくなるものです。

もちろん、運が良いときには積極的に動くことでドンドン運は伸びます。また良い運が回ってきていても放っておいたら状況は良くなりません。

「運が良い時期」、そういう時期に動いて運をつかみ取るのです。この時期を知らずに、なにもしないと運は通り過ぎて行ってしまいます。「幸運の女神には後ろ髪はない」とよく言われますが、そのとおりなのです。

しかし、今現在、自分の運が良いか悪いかわかりませんよね。そこで、自分の運が今どうなっているのかを知る上で重要になるのが「占い」なのです。

つまり、今、自分にはどんな運が回ってきているかを知ることが占いであり、とても大事なことなのです。また、その際に不可欠なのが「本物の占い師でなくてはならない」ということです。インチキな占い師、レベルの低い占い師は真逆なことを言う人もいるので注意してください。

以前、会社を経営している相談者が会社の業績が悪くなったときに、有名な易の占い師にみてもらったそうです。すると、その占い師から「今は最悪だが、これからもずっと悪い。このままでは会社が倒産してしまうからご祈祷しなさい」と言われ、百万円以上を要求されて、迷った挙げ句に私のところに来ました。

私が鑑定してみると、確かに今年は一休みの年回りではあったのですが、翌年から一〇年間は良くなるから心配ないと出たのです。そこで今年を乗り越えるように「気のパワー」を入れて「霊符」を書きました。相談者は私を信じ、易の占い師には行かずに自分の仕事に励んでくれました。

すると、翌年から売り上げが倍々に伸びていって会社の業績は回復しました。彼はすっかり私のファンになってしまい、今も相談にのっています。

このように、占いはとても重要で、いい加減な占い師にみてもらうと幸運を逃してしまうこともあります。自分の今、これからの運を見極めるのが「占い」なので、運を見極めるためにも占い師を選ぶことは重要なのです。

後ほどの章でお話ししますが、私は会社を経営して倒産したことがあります。失敗のない人間などいないけれども、私自身も成功と失敗を繰り返し、どん底を味わったこともあります。そんなもんです、人生なんて。

けれども、うまくいったときにその波にうまく乗るかどうか、というのが一番大事なことです。ひとつうまくいったからといって、それでおしまいにするとダメです。ひとつうまくいったら、引き続きそれに乗っかって、いかに継続させるか、継続させられるか、その幸運を持続させるために「占い」があるのです。

私の例をお話しすると、私の場合、会社を倒産させてからコンピュータ会社に就職するまでは、ずっと運は良くありませんでした。会社は倒産して、会社の借金が残って、おまけに保証人になっていた友人が死んでしまったために友人の借金まで背負うというトリプルパンチです。

保証人になるほどの友人ですから大親友です。彼が裏切ったのではなく「死」というアクシデントでした。彼の経営する会社も順調に行っていたので安心して保証人になったわけです。しかし、彼は事故で死んでしまいました。そして、彼の会社も倒産。

その後は電気メーカーに勤めたり、情報会社に勤めたり、住宅会社に勤めたり、できる限りの仕事をやりました。でも、なかなか借金の返済は終わらない。重なるときには重なるもので、子どもたちが高校入学、大学入学の時期が重なってくるのです。私には子どもは三人いるので、子どもの教育費、借金の返済、生活費を賄《まかな》うために、いろいろなところに勤めたのですが、本当に身体もお金も大変でした。

そうこうしているうちに、コンピュータの建築ソフトを販売している会社の募集広告を見て応募したのですが、このコンピュータ会社を受けるときに「運命の師」と出会ったのです。

この占い師のアドバイスに背中を押されるようにコンピュータ会社に入社したのですが、入ってみると二〇代、三〇代前半の人たちばかり。当時、私は四〇歳を過ぎていましたので仕事を覚えるのも一番遅かったのです。しかし、「私にだって若い彼らよりも優れているスキルはあるはずだ」と方向転換し、営業マンして全国でナンバーワンの成績を取るまでに頑張りました。

ところが日本一なると、毎月の営業成績のプレッシャーが大変です。トップセールスマンであれば「売って当たり前」ですから、売れなかったら上層部の人たちやほかの従業員から「なんだ……」となってしまいます。

かなり疲れてきた頃、地元のコンピュータ会社で、社長を募集という広告が出ていたので、そこに応募してみました。すると、思いがけず採用になったのです。

このように長い人生でみてみると、運が良いときというのは少ないのですが、良いときは次々良い話が出てきますから、それを「どうしようかな……」とウジウジ考えず、それに私は乗ったのです。

偽物にはだまされないでほしい

人生の岐路に立ったときや大事なことを決定するとき、友人や知人に相談したり、占い師に相談することがあると思いますが、友人、知人は所詮他人事ですから、それぞれ勝手なことを言います。その結果、ますます迷います。

占い師なら最良の方策を教えてもらえるかと思い相談しても、どっちつかずのあやふやなことを言われたり、心配になって複数の占い師に鑑定してもらえば、皆それぞれバラバラのことを言われたり、AとBでは真逆なことを言われたりで、ますますどうしていいか判らなくなってしまいます。これは有名な占い師でも同じです。

私がそのような状況を経験しました。私が私の師に出会わなければ、その後の人生はかなりひどいものだったと思っています。私は本物の占い師に出会えたことに現在も感謝しています。

相談者の中には、ほかの占い師や霊能者を渡り歩き、お金をつぎ込んだが効果が出ず、最後に私の鑑定に辿り着いたという人がたくさんいます。先にもお話ししましたが、世の中には本物の占い師や霊能者は少ないのです。

みなさんの悩みや願望はたくさんあると思いますが、ぜひ「占いの重要性」をしっかりと認識していただき、本物の占い師を選択していただきたいのです。

「天中殺だから」「大殺界だから」「悪霊がとりついているから」「先祖供養が足りないから」などと言葉巧みに相談者の心の隙間に入り込み、法外な祈祷料金を要求したり、不安を煽ったりするのは「偽物」「まがい物」だと私は思っています。

いろいろな占い師を訪ねて「ああしなさい、こうしなさい」と言われ、そのとおりにやっても効果がなくて、私のところに来た人はたくさんいます。それならまだいい方で「悪い霊がついているから祓《はら》いましょう」「先祖が祟《たた》っているから成仏させましょう」と言われて高いお金を支払ったのに何も効果がなかったという相談者も多いのです。私はそういう不安を煽るような占い師は信用しません。

本当に「悪霊」や「祟り」が存在するかどうかは別として、結果として相談者の抱える悩みが解決し、願いが叶えばそれでいいわけです。

私がおこなう鑑定は、ただ一つ「願いを叶える」ということだけです。この「願いを叶える」という秘術が「インド密教占術」の秘伝なのです。

私のところに占い師や霊能者と名乗る人も相談に来ることは、すでにお話ししました。

占い師の場合は、「お客様が来ないから、もっとお客様が来るようにしてほしい」という相談が主なものです。そういう占い師には商売が繁盛するように「気のパワー」を入れて、「霊符」を書いて持っていてもらいます。

霊能者は、「お客様からいろんな悪いものをもらって身体が辛くてしょうがないから、祓ってほしい」という人が来ます。そういう霊能者にもちゃんと祓って、「霊符」を書いて持っていてもらいます。おかしな話ですが、占い師も霊能者も自分のことはよくわからないのかも知れません。

つまり、どんな人であろうと、占いの結果だけではなく、それを踏まえて、その人自身の運が良くなるパワーを入れなければ解決にはならないということです。占いをして、その人の願いが叶う術を施して、初めて相談者の悩みが解決するのです。

私もインド占星術で、ちゃんと鑑定します。一般の占い師はこの段階で終わってしまいますが、そこまででは悩みを解決する三分の一でしかありません。もっと大事なのはその先の残り三分の二です。それこそが「気のパワー」と「霊符」なのです。

あなたも気がついているのではないでしょうか。どんなに有名な占い師に占ってもらったからといって物事が解決するわけではないということを。どんな人も悩みや願いを叶えたくて私のところに来るのですから、私は、私が会得した「インド密教占術」の秘法をもちいてその願いを叶えることをするだけです。

私の鑑定では、相談者と対峙したときに霊視で出た結果をそのままストレートに伝えることはもちろん、相談者が怯えたり落ち込んだりするような言葉はけっして言わず、安心と前向きな想いを持って帰路に着いてもらえるようにしています。

どんな相談者であっても「願いを叶える」ことで悩みは解決します。そして、私は「願いを叶える」そのための開運をするにはどうしたら良いかということを、相手の気持ちになってアドバイスをしています。

私が「インド密教占術」で会得した「気のパワー」にしても、願いを叶える「霊符」にしても、相談者に無理に押しつけるのではなく、相手が望むときにのみ「気のパワー」を入れ、幸せになれるよう全身全霊をかけて「霊符」を書きます。

私の「インド密教占術」というのは、占星術とはちょっと異なる独特の鑑定と願望成就の秘法です。私のところに「教えてほしい」「弟子にしてほしい」という人が来ますが、この秘法は教えようがないのです。

もちろん、インド人のカイヤム先生から私は教えてもらいましたし、私が誰かに教えようと思えば教えられないこともないだろうと思います。しかし、この秘法はとても難しいのです。たまに占いに興味のある人から「インド占星術の本はどこにも売っていなくて、国会図書館でみたけれど、こんなに難しい占いの本は初めて見ました」というお電話をいただくことがあります。そのくらい難しい内容ですし、その人の持って生まれた資質も深く関係してくるので、一概に教えようがないのです。

また、「気のパワー」ですが、これはインド密教占術の理解をベースとして訓練で体得するものです。これは、私の師匠もそう言っていましたし、私もそう思うのですが、天性のものがないと体得できないパワーです。天性のものプラス、修行をとおしての習得だと思います。ですからこれも、教えたからといって誰でもができるものではないのです。

天性の能力というのは、インドの密教占術師、カイヤム先生が私の中にそれを見出して、だからこそ「あなたに教える」と言ったのでしょう。数年間、先生の元で勉強した訳ですが、修行は夜中の二時に起きて始まるのですから、それは、それは大変でした。

ですから、私のところに教えてほしいと来た人には、「毎日夜中の二時に起きて、こういうことをやりますけど、あなたにできますか?」と聞くと、「できません」と。「じゃ、ダメです」と答え、それで終わりです。

相当本気の覚悟がなくてはお互いの時間が無駄になってしまいます。「絶対に覚えるんだ、習得するんだ」という覚悟がないと途中で挫折してしまいます。一日や二日、一週間やそこらではなくて、このような辛い修行を一年間続けるというのはなかなか難しいことです。

また、「インド密教占術」が宗教的な意味合いがあるのではないかと思う方もいらっしゃいますが、まったく関係はありません。単純に「願いを叶える秘伝」です。密教といっても、宗教とは一切関係ありません。

あなたの願いが叶う場所は、私しかいない

私とインド密教占術の出逢いについては次の章で詳しくお話ししていきますので、ここでは多くはお話ししません。

私が仕事の挫折と多額の負債を抱え、自分が進むべき道で悩んだときにインド密教占術師、カイヤム先生と出会ったことで未来が開け、先生からインド密教占術の教えを受ける運命を受け入れたのです。

私の師となったカイヤム先生は、悩み苦しむ私の相談に対してハッキリと断定的に答えてくれました。そのおかげで、迷うことなく私の人生に自信が持てるものとなったと思っています。

ですから私も相談者に対してあやふやな言い方はせずに、相談者の悩みに対してハッキリとお答えするようにしています。

私の鑑定方法は、まずインド占星術の鑑定法でその人が生まれつき持っている運をみます。その後、過去・現在・未来にわたる運気の流れを読み取ります。その流れを把握したうえで相談者の現在抱えている悩みをじっくり聞き、悩みの解決策や望みを叶える方法を

お話します。

相談に来た人は、何も話していないのに運気の流れを読み取って「何歳のころには、こんなことがありましたね」と指摘すると驚きます。しかし、相談者の運気の流れを読み取ることで「この悩みはこう解決したほうがいい」「この人の運気からみれば、事業はまもなく大きく開運するからそのときまで待てば解決できるから心配することはない」と具体的な答えが次から次に出てきます。

これはインド占星術の力もありますが、話しているうちに自然に出てくるのです。たぶん、潜在的に私の中にあった霊的な力に、日々厳しい修行を積むことによって開花した霊視能力によるものだと思います。

すでにお話ししたように、私は常々一般の占いには限界がある、慰めでしかない、悩みや願望の積極的な助けにはならないと思っています。つまり、占いだけでは運命は変えられないということです。

世の中にはさまざまな占いがありますが、私は「占いだけで悩みは解決できない」ということを読者のみなさんに知っていただきたいのです。

私はインド占星術をベースに占いをおこない、インド密教占術の「気のパワー」と「霊符」により問題を解決し、心のケアをおこないます。「気のパワー」「霊符」などというと、一部の悪質なカウンセラーや祈祷師などのために、なにかと誤解が生じやすいのですが、私は、そのような次元の世界とはまったく無縁であることをご理解ください。

私のところに来る相談者に多いのが、子どもの問題、裁判がらみの問題、うつ病、結婚問題、人間関係、仕事、金銭、病気などですが、そのような相談者はすでにいろいろな占い師にみてもらっている人が多いのです。

そして、いくつもの占い師を回って「悪い霊がついているから除け祓う」など検証できないことを言われ、何十万、何百万のお金を使って、結局なんの効果もなかったという相談者が私のところに来るのです。

私はどの人にも言うのですが、「最初から私のところに来れば、余計なお金を使わずに済んだのに、もったいないことをしましたね」と。そして、「でも、私のところに最後に辿り着いたからもう安心です」とお話しします。

「どこに行ってもあなたの願いが叶うところはないから、日本中を探してもあなたの悩みは解決できないから、私のところで最後にしてください。もうお金をドブに捨てるようなことはおわりにしましょう」と、私はどの相談者にも言います。

冷静に考えてみてください。一章でもお話ししましたが、占いで願いを叶えたり、問題を解決するということはないのです。占いはあくまでも占いです。また、よく「悪い霊がついている」「先祖が祟っている」とか、そういうことを言って、除霊するのに何十万も何百万もとるところがありますが、これも効果があったと聞いたことがありません。

みんななんの効果もなくて悩みは解決できず、お金だけをただドブに捨てたような感覚で、それでも「自分が至らないからだ」と自暴自棄になって私のところに来ます。私にはそういう霊の祟りなどがあるか、ないかはわかりません。

自称霊能者と称している人たちが、霊が見えるというけれども、それは私から言わせれば嘘だと思います。なぜなら、私はそのような悪霊を見たことがないからです。ですから、霊が祟るとか、先祖が祟るということは、私は信用しません。

もちろん「ない」とは断言しませんが、私は除霊だとか、先祖が祟るなどで問題が解決はできないと思っています。

私は除霊や先祖がどうだとかいうことは関係なく、ただただ、ひたすらに「願いを叶える方法を講ずる」それだけです。それが「インド密教占術」の「気のパワー」であり、「霊符」の力なのです。

徐霊やお祓いは別として、「占い」である程度のことはわかると思いますが、占いで細かいことがわかるのは非常に困難なことだと思います。

たとえば、生年月日と生まれた時刻で占ったとしても、同じ生年月日、同じ時刻に生まれた人というのは世の中にたくさんいるわけです。ではその人たちが全員同じ運かというと、そういうことはないわけです。すべての人の「運」は違います。ですから、そういった意味も込めて私は占いだけでは信用しません。

私の知らないような占いも世の中には千差万別あるのですが、おおかたが生年月日と生まれた時間、方位などをベースに占います。あとは筮竹《ぜいちく》やカードを使った出たとこ勝負のような占いですが、いずれにしても占いとしては限界があります。

占いというのは、あくまでもその人の運が「今現在どうなっているのか」、「これから先の運はどうなのか」、「過去の運はどうだったのか」ということをみるものであって、「どうしたらよいのか」という具体的な面では弱いです。

そのような視点からみても「願いを叶える」というところに主眼を置いているところが、他の占いとは違う、「インド密教占術」のすごいところなのです。

病気や不運を「気のパワー」で跳ね返す

あなたのまわりをじっくりと見渡してみてください。会社でも、学校でも、電車の中でも、百人いればそこには百通りの人生があります。その中には「運」に恵まれている人もいれば「運」に恵まれていない人もいます。

高校や大学の試験も就職試験もスムーズで順風満帆な人、玉の輿の結婚相手に巡り会って、優しい夫、可愛い子どもに恵まれ、なに不自由のない幸せな人。

それとは真逆に、志望校には入学できず、希望する企業にも就職できない人、やっと就職できたのに不況のあおりを受けてリストラされてしまった人、良縁に恵まれず孤独な生活をしている人、大事に育てた子どもが反抗的であったり、引き籠もりになってしまう人など、人生は本当に残酷で、どう考えても不平等です。

しかし、それを「持って生まれた運命だから」と無理矢理に納得してしまうのはあまりに短絡的です。さすがに人の人生を変えることは不可能ですが、「インド密教占術」の「気のパワー」と「霊符」によって、その人が持って生まれた「運」をパワーアップさせることは十分可能なのです。

その驚異のパワーは、あらゆる体の不調を改善したり、悩みを解決するエネルギーを与える、運を好転させるなど無限ともいえる力を備えています。それは、相談者一人ひとりの悩みに合わせて効能を変えることができる万能薬のようなものなのです。

では、具体的に悩みが解決した例をご紹介しましょう。

●上司の執拗なイジメも誰も傷つけずに解決できた

相談者は、上司の執拗なイジメに悩まれて相談に来た五〇代の男性です。職場の移動で新たな職場に配置転換されたのですが、配属になったとたん、上司からの執拗なイジメに悩まされるようになったのです。上司は彼の些細な行動まで目くじらを立てては、ふたことめには「辞めちまえ！」などと罵詈雑言を浴びせるようになったのです。

妻子を抱える彼は、何とか上司とうまくやっていこうとはじめのうちは積極的な行動に出ましたが、イジメは好転しませんでした。それでもなんとか耐えていたのですが、上司から浴びせられる言葉の暴力にしだいに蝕まれ、やがて「自殺」という想いがつきまとうようになってしまったのです。彼はすっかり追い詰められていました。

私が初めて彼と対峙したときの霊視によって、上層部からその上司に対して、彼を退職させるように指示が出されていることがわかったのです。彼はリストラの対象になっていたのでした。

「毎日、朝起きて職場に行かなければならないと思うと、もう耐えられません……」

彼はリストラの対象となっていることを知らないままに上司との関係を回復しようと無駄な努力を続けていたのです。私はうつむいたままうなだれている彼に上司のイジメが治まる「気のパワー」を入れました。

「もう大丈夫ですよ。明日からスッキリと職場に出られます」

そう言うと、彼は何か半信半疑で帰って行ったのです。その翌日です。

「先生、驚きました――」

元気よく電話をかけてきたのは、上司のイジメに悩んでいた彼です。よく話を聞くと、私から「スッキリ」と言われたものの、憂鬱な気持ちを引きずって職場に出たところ、その日は、上司が罵倒するようなそぶりをまったく見せなかったというのです。

その後、彼は出来上がった「霊符」を身につけて出勤するようになりました。しばらくして、また連絡がありました。

「先生、すごいです。お陰さまで上司のイジメがすっかり治まりました。毎日、安心して職場に出ています。本当にありがとうございました」

どうやら彼はリストラの対象から外れることができたようでした。もしも彼がこのリストラを「運命」だと受け入れてしまっていたら、家族も巻き込んで辛く暗い人生を送らなければならなかったかも知れません。

●経営の危機を乗り越え、毎年増収増益を更新できた

長い景気低迷の中、経営者の多くは危機を何度も乗り越えてきているのではないでしょうか。私のところにもそんな経営不振、業績悪化に心を痛める経営者からの相談が寄せられることも少なくありません。

大手機械メーカーの部品を製造する工場を経営している社長が一代で築き上げた工場は、順調な受注を受けて業績を伸ばしていました。しかし不況はそんな小さな会社に容赦なく押し寄せてきたのです。賃金の安い海外の工場へシフトされ、国内の受注が減り、厳しい経営を強いられるようになってしまったのです。

設備投資のローンもたんまり残っているし、社員たちの生活もあります。何とか運を好転させたいと思い、彼は有名な占い師に相談に行ったのです。そこで告げられた言葉が、

「あなたの運はこれから下がる一方です。このままでは会社が倒産しても不思議ではありません」

「倒産」という言葉は社員や借金を抱える経営者にとって「死ね」というのと同等の言葉です。しかもその倒産を避けるために提示された金額は、今の彼にはとても支払えるものではなかったのです。

悩んだ彼はますます落ち込み、変わらない状況の中、病人がより良い病院を探すように「セカンドオピニオン」のつもりで、本屋で偶然手に取った私の本を頼りに連絡してきたのです。私が霊視したところ、確かに今の彼はどん底の状態でした。しかし、少しずつではありますが、次の年からは上り坂になる運を持っていたのです。

ただし、今のまま受注が減って売上が落ちていったら彼の運が上向く前に会社は潰れてしまいます。そこで私は彼の会社の受注が減らないように「気のパワー」を入れ、「霊符」を身につけてもらうようにしました。

すると海外の工場への受注が始まっても彼の会社の注文が思ったより減ることもなく、別のメーカーからの受注も受けることができたので彼の会社は倒産をせず、社員をひとりもクビにすることもなく、この不況の波を乗り切ったのです。

もちろん、私がみたとおり、翌年からは従来の受注量も、新たな発注メーカーも増え、増収増益を更新したという喜びの報告をいただきました。

もしも彼が借金までして何百万円もかかる祈祷や願掛けをしたとしても、彼と彼の会社を救えたかはわかりません。

●受注が増え、部下にも恵まれるようになった

また、悩みは経営者だけではありません。私も長い間経験しましたが、セールスマンはとてもストレスの溜まる仕事です。

ある大手事務用品メーカーの男性は、バブル以降、事務用品もなかなか契約が取れなくなってしまい、相談に来ました。また、彼は会社の部長クラスでもあり、部下の人材に恵まれないこともチームの営業不振に繋がっていました。彼の営業をしている地域を尋ねると、その地域から離れた比較的大きな会社をターゲットとして営業していたのです。

私の霊視では、彼の運はむしろ近隣から信頼を集めて強固にしていくほうがいいと観ました。そこで、私は彼に地域密着型の営業に方向転換することを勧め、同時に「仕事が増え、良い人材が集まるように」という彼の願いが叶うように「霊符」を書き、身につけて

もらったのです。

それから三か月。嬉しそうに彼が私を訪ねて来ました。私の霊視のとおり、地域密着型の営業に転向した結果、地元の企業や公共施設との契約が取れ、業績がグンと伸びているというのです。また、地元の人から信頼を得たことで取引先から有能な人を紹介してもらうことができ、良い部下にも恵まれて、毎日、ノルマの数字に追われることのない充実した営業を続けているというのです。


このような相談は、自分の「運」をあきらめないで好転させた人たちの一部です。よく「成功本」といわれる本に書いてあることですが、現実を打破しようとせずに愚痴ばかり言っている人というのは、だいたい不遇です。

愚痴は、運をアップさせる波動を拒否しますから愚痴ばかり言っていてはダメです。プラス思考が必ず幸運になるかはお会いしてみないとわかりませんが、だいたい貧乏から抜け出せない人は愚痴ばかり言っている人が多いのです。

これは当たり前といえば当たり前かもしれませんが、幸せな人は愚痴を言いません。言う必要がないからです。ですから、愚痴や不幸話をしないことです。これも私の、大勢の相談者を観てきた結果です。

「運」は変えられる。そう信じて多くの人が「願いを叶える」ために一歩を歩み出すための背中を押す、お手伝いを私はやっているのです。

今、あなたが遠くで悩んでいるのなら、または、病気で動けないなどやむを得ない理由があるのであれば、私が出向いて「気のパワー」を入れることもできます。

私は困っている人がいればどこへでも出かけていきます。東京出張鑑定、大阪出張鑑定だけではなく、北海道でも、九州でも時間の限り出向くようにしています。時には遠隔で「気のパワー」を送ることもあります。

あるとき、突然意識不明に陥った人の家族から悲痛な声で「すぐに気のパワーを送ってください！」と電話がかかってきたことがありました。私は出向いていては間に合わないことがわかりましたから、すぐに電話越しに「気のパワー」を送って、「何かあればすぐに電話をください」と言ってそのままひと晩、睡眠をとらずに待っていた。

大事には至らないだろうと思っていましたが、朝になって「奇跡的に意識が回復しました」と連絡があったときにはホッとしました。現在は体力も回復して元気に過ごしておられますし、定期的に「気のパワー」を受けられています。

繰り返しになりますが、私の天命は「人びとの願いを叶えること」です。どんな人でも迎え受け入れ、その人の話に耳を傾け、持って生まれた「運」が良くなければ「運」を好転させて明るい未来へと導く、それだけです。

第三章

「インド密教占術」と気のパワー

人生を大きく変えたインド密教占術の師との出会い

この章では、門外不出の「インド密教占術」と「気のパワー」についてお話ししていきます。基礎になるインド占星術は、約六〇〇〇年前にインドで生まれ、中国の四柱推命や姓名判断、西洋のタロットや占星術などさまざまな占いの原点となった占術です。

私は若い頃にいろいろな本を貪るように読んでいました。その中で深く興味を持ったのが「占い」です。日本においても占術の起源は古く、飛鳥時代、大和の葛城山にこもって修行したといわれる呪術者、役小角《えんのおづぬ》や自在に鬼神（式神《しきがみ》）を操り、魔を退け、呪いを祓った陰陽師《おんみょうじ》として有名な安倍清明《あべのせいめい》。江戸時代には観相家の水野南北《みずのなんぼく》などがいます。

また、術師として人智を超える彼らの正体を研究するうちに、もっと幅広く占いを知りたいと思うようになり、四柱推命、気学、易学、風水を研究し、西洋占星術やタロットカードでの占術も独学で習得していきました。しかし、それのどれもがとても個人的なもので、その知識を駆使して人を占うなど考えてもいませんでした。

そんな私が運命的にインド密教占術の師と出逢い、今では全国各地の相談者の悩みを解決し「願望の成就」へと導いています。

私が「インド密教占術」の修行を始めたころ、日本ではインド占星術に関する本格的な本はほとんど出ていなくて、習うにはインドまで行かなければなりませんでした。ですから、私にとってインド密教占術の師となった先生から口伝で伝えられることがすべてだったのです。今は本も増えてきたようですし、インドで占星術を習ってきた先生方が日本でも教えていらっしゃいますからインド占星術は一般的になってきました。

私は、不思議な出会いに導かれてこの世界に入った、とお話ししましたが、当時、私は転職に悩んでいました。

私は大学を卒業して大手メーカーに入社したあと、外資系企業に転職し、第一線のビジネスマンとして活躍してきました。

そんな私でしたが、四〇代のときに独立して事業に手を出し、天国と地獄を味わったのです。さて、借金と家族を抱えて出直さなければならない。そんなせっぱ詰まったときに、コンピュータ関連の会社の募集を見つけて応募したのです。

私はそれまでコンピュータというものを触ったこともなかった人間でした。コンピュータ関連会社、しかもＣＡＤという建築に使う非常に操作が難しいソフトウエアの会社に就職の内定をいただきました。私もそこに勤めるしかないので、勤めるという気持ちはほぼ固まっていたのですが、でも、やはりコンピュータをまったく触ったこともなかったので、コンピュータ会社に就職することに一抹の不安がありました

そんなある日、ふと思い立って幼い頃の思い出の地である鬼子母神をお祀りしている千葉県下総中山の法華経寺をふと訪れたのです。このお寺は、幼い頃に母親に手を引かれお参りに連れて行かれた場所でした。なぜか、ふっと懐かしく鬼子母神のことが思い出されたのです。

鬼子母神に参拝し、「今度こういうところに就職しようと思うので、上手くいきますように」とお願いをしました。そして、帰路につこうと鬼子母神の参道を歩いていると、道端にあった「占い」という看板に目がとまったのです。

私は「占い」を研究していた頃にマスコミに登場するようなありとあらゆる著名な占い師のもとを訪ねてみたことがありました。しかし、ハッキリとした答えが返ってくるわけでもなく、あいまいな答えばかりで決定的な参考にはなりませんでした。それどころか「悩みや迷いがあるのはあなたがしっかりと先祖供養をしていないからだ。迷いは先祖霊の障《さわ》りである。邪気払《じゃきばら》いをしなさい」と高額商品を売りつけられそうになったこともあったのです。助けを求めて著名な占い師の元を訪ねても明確な答えは得られなかったことや、お

かしな高額商品を勧められたことで占いに失望さえ感じていたのです。

私は、いろいろな占いを実際に体験することで「占いで未来を知ることは可能かもしれないが、願いを叶えることは不可能である」という結論に辿り着いたのです。

そんな私が小さな「占い」の看板に不思議な感覚を覚え、占ってもらおうと心を動かされたのです。その占い師を見ると、明らかに日本人ではない女性が小さなテーブルを前に腰かけています。私はまるで不思議な力に吸い寄せられるように、その占い師の前に座り、これまでの自分の経緯を話しました。

するとカルマ・カイヤムと名乗る占い師は「転職しなさい。必ず成功します」とはっきりと断言したのです。「やっと答えを出してくれる占い師に出会えた！」と不思議な喜びがこみ上げてきました。

今でもあのときの感動は忘れられません。私が相談者に対して迷いのない力強いアドバイスをするのは、このときに受けた経験が糧となっているのです。

これが、後に私の恩師となるインド密教占術の達人、カルマ・カイヤム先生との出会いでした。まさに運命の邂逅だったと実感しています。

私にとっては、何気なく、ふらふらっと鑑定してもらったというのが正直な気持ちです。

「大丈夫だからコンピュータ会社に就職しなさい、日本一になりますよ」と言われたときに、私は「なに言ってんだと思いました。コンピュータなんて触ったこともない人間が日本一になれるだなんて……」と思いました。

しかし、フッと自分がこれまで営業マンとしてさまざまな場所で鋭い勘を発揮していたことを思い出したのです。たとえば、営業先の会社の玄関を入った瞬間に「今日はこの会社と契約できる！」ということがわかるのです。勘は不思議なくらい的中しました。

「なるほど、そうか！」とその直感から、占い師の言葉にとても大きな説得力を感じとったのです。それが、最高レベルの的中率を誇る占いと「願いを叶える」秘伝を兼ね備えた「インド密教占術」に出会ったきっかけだったのです。

私は彼女の言葉を信じ、自信を持ってその会社に勤めると、本当に営業成績ナンバーワンになってしまったのです。占い師の言葉通り、転職は大成功でした。

実際に日本一になったことを伝え、お礼を言うために再び占い師のカイヤム先生のもとを訪れたことがきっかけで懇意になり、占いについて話をするようになっていきました。

カイヤム先生は、初めて出逢ったときから私の資質を見抜いて白羽の矢を立てていたのかもしれません。私も「ああ、たくさんの占い師をみてきたが、この人は本物だな」と感じていました。

当時、私が勤めていた会社は東京だったので、時間を見つけてはいろいろな話をしていたのですが、あるときカイヤム先生が私に向かってこう言いました。

「私はインドに帰らなければなりません。それまでに日本で私の後継者を一人だけ作って帰ろうと思っていますが、なかなか適当な人がいません。『教えてくれ』と言う人には、なかなか自分が良いと思った人がいないんです」

そして、私をジッと見て、

「みんな欲張りでダメ。でも、あなたは今まで私のところに来たお客さんのなかで一番欲がない。もしよかったら、あなたを後継者として私の持っているインド占星術のすべてを教えますが、私の後継者としてやってみませんか」

と、唐突に言われたのです。

「なぜ、私に？」

「あなたは仕事も真面目に誠意をもってやることはわかります。あなたは正直です。そして、なにより欲がない。もしも覚えようという覚悟があれば教えてあげます。

私の後継者は私欲のない人を、と考えていました。あなたは私欲がない。インド密教占術者にふさわしい人です」

こう言うのです。さらに、

「それから誰に教えても気のパワーは出るものではないし、霊符を書いても効果がでないけど、あなたが書いた霊符は効果が出るし、気のパワーもあなたの身体から出るから、私の言った通りに修行すれば大丈夫です。修行は大変だけど、あなたならば修行に耐えられる」と言われたのです。

この時に初めてインド占星術だけではなく「気のパワー」「霊符」という暗示的なキーワードを聞いたのです。そして、それが私にはできると……。

私はカイヤム先生の申し出を少し考えました。しかし、カイヤム先生の言うことが全部実現したことを実感して、私も「この占いはすごい」と思っていたので、仕事の合間を縫って教えてもらうことにしました。

月曜日から金曜日は営業マンとして飛び回り、土・日の休みは千葉の下総中山まで通って、初歩からインド占星術を教えてもらったのです。

カイヤム先生がなぜ私を選ばれたのか、そして、なぜ私がそれを受け取ったのかは、それは魂の「阿吽《あうん》の呼吸」ではないでしょうか。それまでにもカイヤム先生のところにはたくさんの方が弟子として教えてほしいと来ていました。しかし、カイヤム先生は私を選び、私もそれを受け取ったということは魂の交流だったと思っています。

それはカイヤム先生にとっても幸運なできごとだったのでしょう。彼女は日本を離れて祖国インドへ戻ろうと考え、後継者を見つけたいと願っていたからです。

カイヤム先生に占いを教えてもらううちに、「占いというのは序の口」だということがわかりました。どんな占いでも、ただ占いだけをマスターしたところで、悩みを解決できる半分にしかならない。いや半分というよりも三分の一なのです。

そして、一年通ってやっとインド占星術の占いをマスターした頃のことです。

「実はこういう方法で願いを叶えることができます。でも、あなたにはこれをやってあげなかった。なぜなら、これをやらなくてもあなたはナンバーワンになれる人だったからです」と言われました。

「インド密教占術」は運勢を占うだけでなく、願いを叶えるための「気のパワー」と「霊符」を提供するものだということがそのときに明かされたのです。

そこからさらに三年間かかって、秘伝、奥伝である「気のパワー」と「霊符」を伝授するという苛酷な修行が始まったのです。

私は苦しい修行の中で、彼女から口伝で引きついだ秘技が「インド密教占術」の奥義を極めていることを知って驚きました。やがて私は、心底、彼女を師と仰ぐようになり「インド密教占術」のすべてを習得するまでになったのです。

私は日々必死に学びながら「私が若い頃に探し求めていたのは、これだ！」と直感しました。新しい会社では周囲が目を見張るほどの成績をあげながら、土・日は「インド密教占術」の勉強です。休みなど一切なく、ただただ、ひたすらにビジネスと修行をうまく両立させることに集中したのです。今思えば、二足のわらじは想像を絶する体力と精神力だったと思います。そして、すべてを伝授したカイヤム先生は安心してインドに帰国しました。

カイヤム先生は初対面のときから私の能力を見抜き、自身がインドへ帰国した後の後継者として「インド密教占術」の秘伝、奥伝を口述でも伝授できると考えたのでしょう。

こうして彼女のもとで、「インド密教占術」の秘術のすべてを学び、彼女が帰国してからも日々、怠ることなく修行を続けました。

確かにカイヤム先生が言ったとおり、誰でも修行をすれば「気のパワー」が出るわけではないのです。彼女はそれを見抜いていたということです。「霊符」にしても私と同じ霊符を別の占い師が書いたら効果があるかと言えばそんなことはなく、私が書くから願いが通じ、効果があるのです。

カイヤム先生がインドに帰ってしまう少し前のこと、私は後継者として東京で占いをやろうと考えて相談したことがあります。

カイヤム先生は、「東京でやれば家賃もかかる。自宅でやれば経費もかからないんだから、東京でやることはない」と言われました。

「でも、自宅は福島ですよ。福島でやったってお客さんは来ないでしょう」と言うと、「東京で高い家賃を払って鑑定を行う必要はありません。鑑定場所は自宅のある福島にしなさい。本物であればどんな場所で鑑定しても、必ず相談者はそこに足を運んでくれます」と言ったのです。

もちろん、私は迷うことはありませんでした。こうして郡山の自宅で鑑定をおこなうようになったのです。

私はカイヤム先生の言葉を信じ、私も迷いなど感じませんでしたが、これもズバリ当たりました。本当に福島県の郡山までお客さんが来るのです。相談者の地元にも郡山にも占い師は他にたくさんいるのに私を捜し求めて相談者が増えていくのでした。

私は相談者が増えていくのをみながら、「これこそが本物の占いだ。インド密教占術というのは、占いと気のパワー、そして霊符をセットでやることで、悩みも迷いも好転させられる完璧な占いなんだ」そう実感していったのです。

カイヤム先生との交流は、その後何回か電話で話すことができたのですが、「これから私はインドの山に籠もります。しばらくは連絡できません」という連絡を最後にもう連絡は来ていません。

「評判」というものは凄いものだと思ったのは、占いを初めて半年ほど経ったあるときのことです、某出版社から電話がかかってきました。

「実は、評判の良い占い師さんをご紹介する本を出したいんですが、是非、取材させていただけないでしょうか」という出版協力の依頼でした。どうやら良い占い師を捜していたところ、私の評判に辿り着いたというのです。多くの悩んでいる人に私の存在が伝わればとの思いから、快く協力させていただきました。

本が出版されるとこれがすごい反響で、ものすごく忙しくなりました。もちろん、地方の方も多いので、福島までは来られない方もいらっしゃいました。そんな状況が続き、もう地元だけでは対応しきれず、毎月東京に出て、相談を受けるようになりました。今では東京だけでは対応できず、大阪でも定期的に相談を受けるようにしています。

このように、私の占い師への道は、偶然のように見える必然から始まったのです。

私は自分の未来に不安を抱いているときに、ふとお寺にお参り行こうと思い立ちました。そして、参道を歩いているときに参道脇の「占い」という看板が目にとまり、占ってもらい、「この会社に行きなさい。あなたはナンバーワンのセールスマンになります」と迷いなく、ズバリと断言され、決断ができました。

それが運命の恩師となるインド密教占術の達人、カルマ・カイヤム先生との必然の出逢いだったのです。そして、「インド密教占術」を天職と決めたときに、ナンバーワンセールスマンの地位と報酬を捨てて、カイヤム先生のもとで厳しい修行を重ね、秘伝、奥伝を伝授されました。

こうして会得した「占術」「気のパワー」「霊符」という完成されたインド密教占術により、悩みや迷いを抱えている人々のから苦しみを取りはらい、「願いを叶える」それだけを願って今日に至っています。

どんな悩みにも必ず解決策はある──「インド密教占術」

「運」を人間の力で変えることはできません。しかし、「今、不幸だ」と嘆いている人にも必ず良い時があります。たとえ今、不幸であったとしても自分の持っている良い運をさらにパワーアップすることで、必ず幸せな人生をつかむことができます。

苦しんでいる人、悩んでいる人、迷っている人がその状況から解放され、ふたたび希望を持って生きられるようにお手伝いするのが「インド密教占術」の秘伝を伝えられた占い師の役目だと思っています。

この章では「インド密教占術」についてお話ししていこうと思っています。と言っても、伝授するのはすべて口伝による秘伝ですので、お話しできないこともたくさんあります。そこで、インド占星術がどういうものなのか、「気のパワー」とはなんなのか、そのために私がどのようなことをやっているのか、そして、「願いを叶える霊符」というのはどんなものなのかということです。

すでにお話ししたように、占い師の世界に入ってからは、おかげさまで私はラッキーだと思います。順調に相談者を救うことができ、今では全国に相談者が一万人以上いるのですから。

あるとき、私の評判を聞いたアメリカ在住の日本人科学者が電話で相談をされてきました。みなさんも名前を聞けばご存じの方なのでお名前は伏せておきます。

彼女はインターネット、電子書籍からホームページに辿り着いてアメリカから電話をくださったのです。「今度、日本に行きます」ということで、お名前を聞いたら、聞き覚えがあるお名前でした。お会いする予約を取っていただいて福島の事務所で鑑定をおこないました。

私は、彼女の悩みを占い、「インド密教占術」の「気のパワー」を入れて、願いを叶える「霊符」を持っていただきました。それだけです。

それから数か月後、「問題は願いどおりに解決した」という喜びの内容が書かれたエアメールでお礼状をいただき、私も一安心しました。

また、海外の相談者では、ドイツ在住の日本人からもお礼状をいただきました。その方は、ドイツの大学に助教授で赴任されて、より高い地位を願っていました。同じようなご相談では、某国立大学の教授の奥様が相談に来られて、

「夫は何回もアメリカの大学に行くための応募の論文を書いていますが、何度も、何度

も落ちてしまっています。何とか行かせてあげたいのです」という願いでした。

私はインド占星術で旦那様の運勢を見て、「気のパワー」を送り、「霊符」を書きました。すると、しばらくして「論文が認められ、アメリカの大学に行くことになりました。それだけではなく、報奨金として五百万円も大学から贈られました。先生のおかげです。ありがとうございました」という嬉しいお手紙が届きました。

私は決して無茶や無謀なことをしているのではありません。どなたも大きく伸びる「運」を持っているのです。それを私が引き上げるお手伝いしただけのことなのです。

私は、きっぱりこう断言します。

占ってその人の運勢を観ることは当然ですが、ただ当てるというだけでなく、「どうすれば良くなるか」を具体的にアドバイスし、「気のパワー」で相談者を光り輝かせ、「霊符」で願いを叶える方法をとることができるのは、カイヤム先生から伝授された私だけの秘技なのです。

よくある「占い」では、別人でも誕生日が同じであれば、同じ結果に導かれるものもめずらしくありませんが、誰が考えても、生まれた時間が同じであれば運命も同じだなんてへんてこな話です。

私はインド占星術による鑑定法で、まずはじめにその人が持って生まれた運と、過去・現在・将来にわたる全体的な運気の流れをみます。

インド占星術による鑑定では、一人ひとりの運を詳しくみることができるところに特徴があります。そうして運をみたうえで、相談者の悩みや苦しみにじっくりと耳を傾け、どうしてこの運勢を持っている人が今、この悩みや苦しみを抱えているのかという原因を突き止めます。原因がわかれば、あとはそれを取り除いて解決するのみです。

繰り返しになりますが、「インド密教占術」を知っていただくためにとても重要なキーワードなので繰り返します。

「悩みや苦しみの原因そのものを取り払い、願いを成就させるもの――それがインド密教占術秘伝の「気のパワー」であり、「霊符」です。

「気のパワー」や「霊符」というと高額な霊感商法をイメージされ、眉つばものと誤解されやすいのですが、私のそれが本物であることは、多くの救いを求め、悩みや苦しみから解放されて笑顔を取り戻した相談者から寄せられたお礼の手紙をみていただければご理解いただけることでしょう。

たとえ運が悪い時期、運が悪い人でも、運が良くなる方法を具体的に講じることができるのです。どんな問題にも必ず救いがある、それが「インド密教占術」のすぐれたところなのです。

「気のパワー」は、願いの目的によって異なる「インド密教占術」の呪文を唱えながら、チャクラに気を入れていきます。また、必要に応じて額や首筋、肩、背中などから送り込むもので、しっかり気が入ると、その場で「身体が熱い」「スッキリした」「痛みが消えた」といった反応が出る人が多いのです。

「霊符」は、「気のパワー」を込めながら、一人ひとりの望みや目的を成就させる呪文を記したもので、同じものは二つとありません。その「霊符」を肌身離さず持っていただくか、指定する室内に貼ることによって効果を発揮します。

また、「インド密教占術」の呪文は、目的によって異なるとお話ししましたが、その数は何百種類にもなります。たとえ同じような願いであっても呪文にはいくつかのパターンがあり、相談者の悩みや苦しみを聞いているうちに、その人に合う呪文が自然と浮かんできます。

「インド密教占術」のインド占星術と「気のパワー」「霊符」がいかに強力な開運効果を秘めているかは、五章で実例をとおしてご紹介していきます。

欠かすことのない深夜の水垢離修行

私が「インド密教占術」の奥義を知らされて、占いに人生をかけようと覚悟したとき、カイヤム先生のもとで厳しい修行が始まりました。なんと言っても大変なのは、「インド密教占術」は、秘技の方法も独特の呪文も鑑定方法もすべて口伝であったということです。

今でも就寝時間は午前０時。午前二時まで二時間だけ眠ります。この午前二時に大きな意味があります。毎晩、二時に「気のパワー」を集中させ、修行を始めます。そして、深夜の水垢離《みずごり》をおこないます。この水垢離は神仏に祈願するため冷水を浴び、心身の穢れを去って清浄にする厳しい修行です。冬の福島は極寒ですが、身を切るような冷たい水をかぶり「気のパワー」を身体と精神に集中させます。

全身を洗い清め、呪文を唱えながら、さらに水をかぶり精神統一をおこないます。水垢離のあとは白い衣装を身に付けたうえで呪文を唱えます。そして、この一連の行のあとに「霊符」を書くのです。

昔から「丑三《うしみ》つ時《どき》」と言われていますが、それは、午前二時から三時のあいだに書いた呪文に一番効果があるからです。

「霊符」を書き上げて、午前三時過ぎに再び夜明けまで就寝します。太陽と共に目覚め、朝日の中で身体を動かします。筋力トレーニングとして、ストレッチとスクワットを三〇回、三セットおこない、さらに太極拳で朝の気を取り込みます。

日中は予約の相談者の鑑定をおこない、鑑定が終わると夕方から三〇分間ほど早足でウォーキングをします。これが毎日の日課です。三百六十五日、一日たりとも欠かすことのない修行です。

なぜなら、私の使命は皆さんの運を好転させ、悩みを解放して幸せになっていただくことですから、そのための力を出せる身体を維持し、私自身の身を清めて心身をエネルギーで満たす必要があるのです。

私を頼って多くの相談者が一日千秋の思いで予約の日を待っています。その方たちを救うことができるのは私だけです。ですから、私は毎日この身を捧げているのです。むしろ毎日、自分の身体に気（パワー）を補充することで、私自身が益々エネルギッシュになれ、パワーアップをしていると感じています。

相談者との面談の時に「気のパワー」を入れることはできますが、「霊符」は既にお話ししたように、身を清めて、気を集中して真夜中に書き上げます。「霊符」は一人ひとりの願い事に合わせて気のパワーを込めながら呪文を書きあげるため、その準備ができるのは深夜の二時に限られます。そのため、相談のその場で書くことはできないので、後日お会いしたとき、もしくは郵送でお届けしています。

もう一つ、鑑定のときにおこなうのが「霊視」です。霊視は、私の師であるカイヤム先生が見通したとおり、私が持って生まれた資質に加えて修行で力をつけたものです。

「霊視」というと、なにかビジュアルが見えるのかと思われますが、もちろん見えるときもありますが、私の場合は「見える」というよりも「感じる」のです。もちろん、見ようとエネルギーを集中すれば見えますが、それよりも「霊視」によって「感じる」ことを優先させています。

このような私の霊力は主に願いを叶えるときに使っています。たとえば、「気のパワー」は私が掌を当てると、みなさん「熱い」と言います。それが私の霊力のパワーなのです。

もちろん深夜に気を集中して書く「霊符」にはもっとも霊力が籠もりますから、効果を発揮するのです。このように、私には、見るという「霊力」ももちろんありますが、相談者と対峙したときに、感じた言葉が自然に口から出るというか、とにかく瞬間的にズバッ、ズバッと答えが出てくるのです。

なにを聞かれても答えに窮するということがありません。ですから、ほかの占い師のように質問されるたびに、いちいち本を見たりして答えるというようなことがありません。瞬間的に答えが出てきます。

鑑定中の著者

「気のパワー」に「霊符」で高い相乗効果を発揮する

「気のパワー」と「願いを叶える霊符」についてもう少し詳しくお話ししましょう。

すでにお話ししたように、インド占星術は、インドから中国に渡って四柱推命や九星などに、インドから西洋に渡ってタロットやトランプ、占星術などの占いへと枝分かれしていった占いです。

すべての祖となった占いであるインド占星術は、占いの的中率という点では最高レベルだと思われます。しかし、「インド密教占術」となると、その秘伝は選ばれた人物にだけ口伝よって受け継がれ、奥義を身につけた数少ない人でしか占うことができないという伝統があるため、なかなか一般の占いとして浸透することは難しいのです。

私がカイヤム先生から受け継いだ「インド密教占術」というのは、占いだけとか、願いを叶えるだけとか、そんなふうに分けては考えてないのです。「占い」「気のパワー」「霊符」、そのすべてをトータルに考えています。

なぜトータルで考えているかというと、「占い」だけで私のところに来る相談者というのは限りなくゼロに近いからです。みなさん、それぞれ悩みを解決したくて私のところにいらっしゃいます。

たとえば、裁判で勝ちたいとか、うつ病を治したいとか、会社を建て直したいとか、職場でのパワハラを辞めさせたいとか、学校に行けるようになりたいとか、良縁に恵まれたいとか、恋人がほしいとか、金運に恵まれたいとか、就職したいとか、そういう願いを持ってくる人が一〇〇パーセントに近いのです。

特に悩みもなく、「私の運はどうでしょうか」というように、単純に占いだけで来る人という人は限りなくゼロに近いのです。また、そういう方は私のところに来る必要がありません。そういう方がどういうところに行っているかというと、占い館や催し物の会場、街頭にいる占い師のところで、興味本位で占ってもらっているのです。このような気持ちでの占いは、ほとんど癒しでしょう。ちょっとした遊び感覚のようなものです。

でも、私のところに遊び半分で来る人はいません。誰もが深刻な悩みを抱えて、それを解決したい、願いを叶えたいという前向きな思いで私のところにきます。

そうすると、占いだけでは、その人が来た意味の三分の一にもなりません。私は座った相談者と対峙したときに、先ほどもお話ししたように「霊視」をします。

私の場合の霊視は、厳密に言うと霊視なのか、別の能力なのかわかりません。とにかくその人に相談を受けて、その人と対峙して、なんだかわからない感覚で答えが勝手に口から出るのです。私が喋るというよりは、私のなかに誰かが潜んでいて、それが私の口を借りて喋っている感覚です。

私が相談者と対峙したときにどのように鑑定をするのかというと、方法は対面鑑定と電話鑑定があります。どちらもインド占星術独自のホロスコープで鑑定し、この占術をベースにした霊視、「気のパワー」を注入するという三つを合わせた鑑定です。

面談による鑑定は自宅の居間でおこないますが、特に方位や風水などには一切こだわりません。どんな場所であろうと、本物であればそうしたものに頼らなくても、最大の力を存分に発揮できるのです。

では、鑑定に興味がある読者のために、鑑定方法についてもう少しお話ししておきましょう。

まず、相談者の名前と生年月日を聞きます。これはインド占星術によるホロスコープを使って基本的な運勢を調べるためです。これで相談者の持っている運勢の流れを把握します。そして、現在抱えている問題や悩みなどと合わせて霊視でリーディングしていきます。

充分にお話を伺い、相談者の「叶えたい願い」を確認して、最後にその人に合った「気のパワー」を入れます。そして、ご希望によって「霊符」を書くようになります。この鑑定手法こそが「願いを叶える」ためにもっとも効果的で、心身を軽くできる方法であると自負しています。

このような私の霊視能力は、持って生まれた資質と修行中に身につけたものですから、普段の生活でいつもその能力が働いているわけではありません。霊視の能力は、精神を集中させる必要があります。ですから、私を頼って「助けてほしい」「変えてほしい」と真剣に願っている相談者と向き合っているときにしか、映像が浮かんだり、言葉が自然に口から出たりしないのです。

霊視をすると、私には相談者が学校や職場、家庭で周囲の人にどんな態度をとったり、言葉を発しているのかがみえてきます。そのため、鑑定でおこなうアドバイスは、相談者が気づいていない自分の態度や周囲の人の感情などを伝えていきます。家族や同僚、他人とうまくいかないという場合は、相談者の態度を含めて相手への接し方をアドバイスします。また、経営者が思うように会社がいかない場合は経営方法を、営業成績が芳しくない人には成績を上げる秘訣をお伝えしていきます。私のアドバイスにはこれまで経験してきた豊富な知識と経験が相談者のために活かされています。

さらに気のエネルギーを入れることで、効果が高まっていきます。この鑑定を受けられて、後日「会社がうまくいった」「学校に行けるようになった」「上司のイジメを受けなくなった」というご報告をいただくことも多いのです。

インド占星術のホロスコープと霊視、気のパワーによる鑑定をおこなう相談内容の中でもっとも多くなってきているのが「心の病気」です。この傾向は年齢や性別を超えて増えています。いかに、現代社会の中で孤独やストレスが重大な問題になってきているのかがわかります。

鑑定は主に「対面での鑑定」「気のパワー」「霊符」が基本ですが、電話鑑定もおこなっています。これらの鑑定はすべて、「インド密教占術」の手法でおこないます。私のように「インド密教占術」の技術を完璧に使いこなせる人は日本では数少ないと思われます。

すでにお話ししたように「気のパワー」と「霊符」はそれぞれ単独でも力を発揮しますが、二つを合わせ持つことで相乗効果に良好な結果が期待できるのです。

この二つのアプローチは、心の悩み、身体の悩み、人間関係の悩み、金運、恋愛、呪い除け、子宝、昇進など多岐にわたる相談内容に対しておこなっています。

「気のパワー」で重要なことは、チャクラです。みなさんも「チャクラ」という言葉を耳にしたことがあるのではないでしょうか。人の身体には七つのチャクラがあると言われています。

私は、相談者の身体にある七つのチャクラに手をかざして「気」を入れ、あらゆる心身の不調や悩みを改善し、願いを叶える身体へと変えていきます。

通常、気を入れる場所はチャクラですが、症状が重い人の場合、肩や背中、腕や腰など、苦しさを感じる場所や患部に直接、気を入れていくこともあります。

以前、頭からお腹、背中など身体中すべてに痛みを感じていた方が、病院では「原因がわからないから何もできない」と、いくつもの病院をたらい回しになって私のところにご相談にいらっしゃいました。

その相談者に私が「気のパワー」を入れたところ、その場で具合が悪かったところがほぼすべて改善されたそうです。よく相談者の方からは「魔法の手」と言われますが、そのぐらい私の「気のパワー」は身体の不調に対して早く効果が出るのです。

この「気のパワー」対して、「インド密教占術」の秘伝中の秘伝でもある「霊符」とは、神社やお寺のお札のように印刷をしたものではなく、私が相談者一人ひとりに合ったインドの呪文、名前、願い文などを墨で書き、気を入れた紙の護符です。

この「霊符」に使用する紙の色も墨の色も相談者と相談内容によって異なり、それは何百通りにもなります。私は、毎夜水垢離のあと、午前二時から三時の間にこの「霊符」を書いて相談者に手渡し、または郵送します。ずっと身につけてもらうことで人生が良い方向に導かれます。

「気のパワー」と「霊符」には相乗効果があるとお話ししましたが、これは「気のパワー」には「即効性」があり、「霊符」には「持続性」があるからです。そのため、組み合わせるとさらに良い結果が現れます。

この二つのアプローチによって、望みが実現し、悩みが解消されたという方は大勢います。相談者からの「身体の調子が良くなった」「人間関係の悩みが解消した」という嬉しい声が、私のさらなる力になっています。

また、ご相談に来られるときには、「あれも、これも……」と欲張らずに、「この願いを叶えたい」と願望を明確に絞ったほうが、高い効果が出ます。

7つのチャクラと「気のパワー」

チャクラについてもう少し詳しくお話ししましょう。

チャクラはヒーリングや瞑想をおこなうときの重要な心と身体のエネルギー「気」（プラーナ）のスポットです。私たちの身体にはこのチャクラと呼ばれるエネルギーポイントがあり、身体の下部から第一のチャクラである「脊椎基底部」、第二「下腹部」、第三「へそ」、第四「胸」、第五「喉」、第六「眉間」、そして第七「頭頂部」へと続いています。

各チャクラは、目に見えない高次元エネルギーを体内に取り込む役目をします。また、取り込まれたエネルギーはチャクラから放出され、「オーラ」となって、身体の周りを取り囲みます。チャクラにはそれぞれ異なる意味があって、たとえば「へそ」に位置するチャクラは、自分を信じる力、つまり「自信をもつ」というエネルギーを取り込むスポットです。また「丹田」と呼ばれる下腹部のチャクラは、「パートナーシップ」や「性的な魅力」との深い関係があります。

読者の中にも首や肩がこりやすい人がいらっしゃると思いますが、この場合、「喉」や「胸」のチャクラの力が弱っていることも考えられます。このように、チャクラはその周辺に位置する臓器や、内分泌系とも密接な関わりをもっているのです。また、チャクラからエネルギーが放出されると共鳴する色となって「オーラ」を発するのです。

よくパワーストーンなどを身につける方がいらっしゃいますが、これは低下しているチャクラにパワーストーンを用いてバランスを整え、その人本来が持っている「自然治癒力」を活性化し、病気やストレスに負けない身体をつくるようにするお手伝をすると考えられています。しかし、これも本物とまがい物の区別はつけにくいですし、チャクラをパワーアップすることで、自身が光り輝く存在になることが第一ですから、私はこのようなグッズは必要ないと考えています。

そもそも、チャクラとはサンスクリットで「車輪・円」を意味します。漢訳は「輪《りん》」、チベット語では「コルロ」といいます。その名前の通り車輪のようにくるくる回って神経系や内分泌腺、血液に必要なエネルギーを送り込む役割を果たしています。

私は、ご相談者のチャクラに「気のパワー」を送り込んでいきます。たとえば、第五番目の「喉」のチャクラが弱くなっているときは、自分が伝えたいことや思っていることが相手に上手く伝えられずに学校や職場でのコミュニケーションに支障が出ています。「自分の思いが伝わらない」「みんなから誤解されてばかりいる」という人は、ほとんど第五番目のチャクラの働きが弱っています。

もちろんすべてのチャクラの働きがバランスよく、順調に働いていることが本来の形であり理想です。私は、この肉眼では見えないチャクラの状態も相談者と向かい合ったときに瞬時に判断し、その人に合った「気のパワー」を入れていきます。

そもそも、このチャクラは「インド密教占術」と深い関わりがあります。本来、インド密教にはこの七つのチャクラに「気」を入れることで、すべてを改善するという考え方があります。インド密教とはイコール「気のパワー」であると言っても過言ではありません。

すでにお話ししたように、各チャクラの働きのバランスを順調にすることで、理想的な流れができるのです。

また、インド密教だけの考えではなく、この七つのチャクラは中国の気功でも使われています。東洋医学では、人間の身体には「気」が流れているという考えがあり、「気」がつく言葉がたくさんあります。

たとえば、元気、強気、平気、勇気、勝ち気、やる気、根気、活気など、前向きな「気」もあれば、邪気、殺気、狂気、陰気など、人間の忌み嫌う「気」がつく言葉も私たちのまわりにたくさんあります。どの「気」も目には映りませんが、誰でもその存在を感知することができるものです。このようなことからも「気」というのは、私たちが生まれ持って備わっている「生命力」そのものと考えてもいいでしょう。

また、「気の流れ」とお話ししましたが、東洋医学ではこの「気の流れ」が滞ると病気になると考えられており、チャクラを取り巻く「ツボ」（経穴）を刺激することにより「気」の流れを良くして免疫力を高め、自然治癒をはかるというのが基本的な考え方にあります。とても理に適った考え方です。

私が相談者に対峙したとき、どこのチャクラが弱っているかというのはすぐにわかります。しかし、私の場合、弱っているチャクラだけに気を入れるのではなく、七つのチャクラすべてに気を入れていきます。

うつ病の人や不眠症の人は額のチャクラに重点的に「気のパワー」を入れます。また、肺癌であれば肺の箇所を、大腸癌であればお腹を、首が痛い、背中が痛い場合は首・背中を、耳が聞こえないという人には耳を、目の悪い人であれば目の上に手を当てて重点的に気のパワーを入れていきます。

気のパワーは、身体全体に送りますが、このように問題のある箇所には重点的に「気のパワー」を入れていきます。また、すべてのチャクラに「気のパワー」を入れるときは、インド密教独特の呪文を唱えながら気を送ります。

呪文は、相談者の望みや目的ごとに異なりますし、気を入れる場所も額や首筋、肩や背中など、目的によってさまざまです。

しっかり気が入ると、「体が軽くなった」「すっきりした」「目がよく見える」「痛みが消えた」「体が熱い」など、その場で具体的な反応を体感されます。

このように「七つのチャクラ」をバランスよく活性化させることにより、エネルギーの流れをスムーズに促し、心、身体を健康に保つことができるのです。私がおこなっている「インド密教占術」の「気のパワー」は、このチャクラに直接パワーを入れることで運気を好転するように働きかけるのです。

また、「気のパワー」は如実に効果が現れる人がいる一方、症状がとくに重い場合すぐには効果が出ないケースもあります。そのような場合は、時間をかけて、日にちをあけて二回、三回と「気のパワー」を入れます。こうすることで「気のパワー」は身体を巡り始めます。私はどんな人でも、どんな状況でも、効果が出るまで必ず見届けます。

「気のパワー」や「霊符」で効果が出なければ、私自身が納得がいかないのです。なぜならば、私に関わったすべての人が願いを叶えて幸せになることが私の使命だからです。

願いを叶える「霊符」に宿る驚異のパワー

「気のパワー」に加え、もうひとつ、欠かせないものが「霊符」です。霊符には、望みをかなえる、目的を達成する、そのための呪文が書かれています。また、それだけではなく、「気のパワー」も強く込められています。

「霊符」は目的によって身に付けたり、部屋の中に貼っていただく場合もあります。

ここで「霊符」とはどのようなものか。掲載してご覧にいれたいところですが、そこは口伝でしか伝えられない「インド密教占術」の世界ですから、支障のない範囲で「霊符」をご紹介しましょう。

「霊符」とは本来、個人の願いを達成するためのものですから一般に公開することはありません。「霊符」は相談者の願いを達成するためのものであり、当人以外の人が「霊符」に記された呪文を見てしまうと効力が失われてしまいます。ですから、私が「霊符」をお渡しするときには、相談者に必ず「あなたは見てもいいですが、家族でも見せないでください」と断っています。

お渡しする「霊符」は封紙に包まれています。包むということは、外から魔が入ってくることを防ぎ、「霊符」の効果を高める役割を果たしています。そして、袋の表面には、一見記号のような入り組んだ呪文を墨で書きます。

さて、中身の「霊符」ですが、墨で複雑に組み合わされた呪文が、丁寧に、願いを込めて書かれています。この呪文は、目的によって何百種類もありますが、これもすべて伝えるのは口伝でした。「霊符」はふつう、一つの目的に対して一枚です。同じような目的でも、人によって背景はさまざまです。呪文にはいくつかのパターンがあり、相談者の話を聞いているうちにその人にぴたりと合う「霊符」のイメージが浮かんできます。

相談の内容で「心の病気」の場合は、良縁に恵まれたいとか、希望する学校に合格したいといった相談に比べ、何倍もの「気のパワー」を入れる必要があります。それだけに心の病気でご相談に来る方は何回か繰り返し「気のパワー」を入れるために通っていただくこともあります。

この「霊符」は神社やお寺のお札のように印刷したものではなく、相談者一人ひとりのために気を集中し、硯《すずり》で丹念に墨をすり、丁寧に手書きでおこないます。

口伝というもっとも秘密裏に伝えられてきたこの「インド密教占術」の「霊符」に書かれた文字は、もともと天界の神々が使用するもので、それが何らかの形で地上にもたらされたものだといわれています。お話ししたようにとても個人的なものですので、たとえ親子や夫婦であっても見せること厳禁です。厳しいようですが、この「霊符」を持っていることさえも話してはいけません。もし守らないと効果が失われてしまうことだってあるのです。

これを秘密裏に身に着けてもらうことで、「気のパワー」との相乗効果を発揮して願いを叶えます。私が毎夜、全身全霊をかけて作成する「霊符」ですが、一日に書ける「霊符」はひとり分、多くてもふたり分が限度です。

「霊符」を持っていただいた相談者から「奇蹟だ！」というお便りをいただくのですが、その中で、記憶に残っているのが、大学受験でご相談に来た母子です。結果、娘さんは激しい落ち込みから一転、第一志望の医大に見事合格したのです。

それは数年前の話です。まだ冬の寒さを感じる受験シーズンの二月中旬に、その電話がかかってきました。電話の向こうでお母さんは、「先生、娘が第一志望の大学の医学部に見事合格した」と喜びの涙を流していました。

その電話の数か月前のこと、医学部を目指し猛勉強してきた娘さんが、本番前の滑り止めのつもりで受けた大学入試で不合格になってしまったのです。娘さんはすっかり自信をなくしてしまい「こんなんじゃ、第一志望なんて受かるわけがない。もう、受けたくない」と、ふさぎ込んで部屋に引き籠もってしまったのです。

お母さんは「これでは、本当にこの子は力を発揮することなんてできない……」と途方に暮れてしまったのです。そんなとき、本で読んでいた私のことが頭に浮かんだというのです。私も「なんとか第一志望の大学に合格させてやりたい」と強く思いました。母子が私の元を訪れたのは受験間近の二月上旬でした。

私は第一志望合格のために「気のパワー」を入れて「霊符」を書き上げ、抜け殻のようになっている娘さんに身につけてもらうことにしました。お母さんのお話では、「気のパワー」を入れてから娘さんは前向きになり、受験に挑む意欲も湧いてきたようでした。試験当日。娘さんはしっかりと「霊符」を身につけて試験に臨みました。そして、数日後には合格発表者のリストに自分の受験番号を見つけ、お母さんに抱きついて喜んだそうです。

私も電話の向こうで泣いているお母さんに「ありがとう」と告げました。ひとりの力ある若者が本来の力と輝きを取り戻し、明るい未来を切り開けたことは、私にとって代え難い喜びだったからです。

私は、占い師になる前に外資系コンピュータ会社の営業マンとして働いていたことはすでにお話ししましたが、営業の仕事というのは、お客様に喜んでいただけることが一番です。占い師になってもそれはまったく変わるものではありません。

営業先の「お客様」が「相談者」なっただけのことです。そしてもう一つ、私が長年のビジネスマンの経験から、現在の鑑定で活かしていることがあります。それは、一人でも多くの方に喜んでいただけるために鑑定料はできる限り安くしています。

たとえば、とても高額な薬では続けることが困難です。効果が現れる前に治療を諦めなくてはならないことだってあります。

しかし、安価であってもすばらしい効き目がある薬はあります。効果があって続けることができれば病気も怖くなくなります。私が多くの方にとってそんな存在になれれば嬉しいのです。私の相談料はホームページでもご案内しているとおり「少ない費用で最大の効果」です。これはサラリーマン時代から変わらない私の信念です。

私も経験しましたが、法外な祈祷料や運気がアップするからと高価な品物を販売する霊能者や占い師がいます。悩んでいる人の不安をあおって高いお金を取ろうとする、そんな人たちを絶対に信用しないでください。本来ご祈祷は、高額なものではないはずです。

苦しい現状を抜け出すために悪霊を除け祓うとか、先祖の祟りを除霊するなどという脅しのような方法で高額な料金を要求されたうえに、効果もなく事態はさらに悪化した、などという相談者からの訴えはたくさんあります。

私は、師と仰いだカルマ・カイヤム先生が「インド密教占術」の後継者は私欲がない人物であることを願い、私に白羽の矢を立てたことを決して忘れてはならないのです。

私たち人間は誰もが完璧ではありません。それが人間なのです。生まれ持った運は確かにあります。努力しても叶わないことも、自分だけの力ではどうすることもできないこともあります。私はそんな人に「もっと頑張れ！」「もっと努力しなさい」「もっと我慢しなさい」などと言うことは絶対にありません。なぜなら、私のところへやってくるまでにどんな相談者も十分苦労して、努力して、我慢して、傷ついているのです。

持って生まれた運が弱いのであれば、強くする気を入れて「霊符」を持てばいいのです。簡単なことです。相談者の「願いが叶う」お手伝いをするのが私の役目ですから、私を使えばいいのです。

私は常々「私は相談者の最後の砦《とりで》」だと言っています。私がみなさんの願いをできる限り長く叶えるためにも、私自身がいつまでも健康で心身ともにパワフルである必要があります。水垢離や朝のトレーニングを行っているのは、そのためでもあるのです。

「運命学研究所」までの道のり
1、福島県郡山駅で下車
2、市営バス1番に乗り
3、柴宮団地で下車
4、郡山市大槻町原田前3―46
電話　024-951-7061
携帯　090-2021-8816

第四章

ナンバーワン営業マンの「運命」を変えた占術

トップセールスマンから極貧のどん底へ

私は父親が鉱山技師をやっていた関係で、宮崎県の西臼杵郡七折村の三菱金属鉱業（現三菱マテリアル）町峯鉱山というところで生まれました。

中学一年生の時、父親が気仙沼役場の技術顧問となったので、宮城県の気仙沼に引っ越しをしました。気仙沼との縁は、父親も母親も出身は岩手県だったことにあります。宮崎に住んでいたのは、父親が三菱鉱山の技師として勤めていたためであって、転勤は多くありました。しかし、父親もだいぶ歳を取ってきて、生まれ故郷が懐かしくなったのでしょう、気仙沼市役所の技術顧問として故郷に戻ったのです。そのために私は中学、高校と気仙沼で暮らしました。

私が子供の頃の気仙沼というのは、とても田舎でした。なにせ東京から気仙沼まで一四時間もかかるのです。当時、新幹線はなかったので本当に不便で、私は田舎の生活が嫌で嫌で仕方がありませんでした。とにかく私は、気仙沼から早く出て東京に行きたかったのです。

大学進学も仙台の大学を受けることは考えず、とにかく都会に、東京に行くことばかりを考えていました。東京の大学に行けば、気仙沼の田舎から離れられると思っていましたから、東京であれば大学なんてどこでもよかったのです。ですから、進学の希望校を決めるときに「大学、どこにしようかなぁ」と毎日ボンヤリと考えていたのです。

ちょうどその頃、学校には垢抜けた感じの、都会的で格好のいい社会科の先生がいて、その先生が中央大学の法学部を卒業したと聞いたので、「よし、じゃあ俺も中央大学の法学部に行こう！　行ったらきっと先生のように格好良くなれるんだ」と安易な動機で志望校を決めてしまったのです。

弁護士になりたいという志も夢もなく、ただ東京に出るために中央大学の法学部を受験しました。すると、たまたま受かってしまったので、とりあえず入学しました。

青年時代の著者

実際に大学に入ってみると、周りの人たちはちっとも格好良くないのです。大学は、私と同じような〝田舎っぺ〟が多くて、女の子だってモデルのような綺麗な女の子なんていないのです。だいたい、弁護士になりたい女の子は、みんな地味な子ばかりでした。

私は別に公務員になりたいわけでもないし、司法試験にチャレンジして弁護士になりたいわけでもなく、ただ、東京に出たい一心で入学しただけなので、入学したばかりの頃は、友達だってひとりもいませんでした。毎日、学校が終わると一人で渋谷に行ったり、新宿に行ったりして、何もやることもないから書店を回ってウロウロし、憧れていた都会の風に吹かれて、それなりに毎日生活を楽しんでいました。

それでも数か月くらい過ぎると、いつの間にか友達が一五人くらいできました。友達ができてからは、旅行やハイキング、登山をしたりと行動範囲が広がりました。この友達の数人とは今でも付き合っています。

私は田舎っぺで、クラシック音楽とはまったく無縁だったのですが、下宿のおばさんが音大出の関係で、クラシックのコンサートに連れて行ってもらってからその良さがわかり、今でも心が疲れた時には、好きな音楽を聴いて心を癒しています。

とにかく大学の四年間、私は本だけはたくさん読みました。もともと子供の頃から本が好きだったので、勉強はあまりしませんでしたが本だけは読みました。大学に行くよりも古本屋に行っては古本を買って、読み終わったら古本屋に持って行って売って、また別の本を買って日々を過ごしていました。本は何かを深く読み込むのではなく、ジャンルを問わず、外国文学だろうが、日本文学だろうがいろいろな本を読みました。

最初に本屋で買った本が文学全集です。文学全集を読んでいるうちに、織田作之助だとか、坂口安吾だとか、太宰治だとか、ちょっとクセのある、変わった作家の本が好きになって、とにかくいろいろ読みました。

あまり勉強しなかったのですが、散歩と旅行が好きだったので、毎日、東京をあちこち歩いたり、友人たちと頻繁に旅行もしました。この経験は、サラリーマンになってからとても役に立ちました。

卒業の時期になると、今度は就職を考えなければなりません。将来に夢や希望を持って大学に入学したわけでもなかった私は、就職に際してもできるところならどこでもいい、という考えでした。

そんなとき、たまたま大学の掲示板に社員募集の張り紙を見つけて、「企業の礎《いしずえ》を築く会社」というキャッチフレーズに惹かれて、オフィス機器の大手メーカーに応募したのです。すると、たまたま採用になりました。これが私のサラリーマン生活の始まりでした。

私の仕事は、オフィスの机や椅子、スチール家具、倉庫の棚、スーパーの棚、冷凍ケースといったものを売る営業です。私は最初に霞が関の官庁担当をやっていたのですが、幸運なことにオフィス家具を木からスチールに交換する時代の流れと重なったので、とにかく私が営業に行くところ、行くところ、バンバン売れたのです。

こうなると、企業の期待も私にかかってきます。新商品が出ると「白澤君、君がやってくれ」と言われて営業に行きます。すると、それがまた売れて、あっという間に課長に昇進して、あっという間に支店長になってしまいました。

その頃私は、『パートナーシップ経営』という本に強く感銘しました。「パートナーシップ」とは、経営者と労働者という関係ではなく、同じ目的のために働く同志という意味を持った経営をいいます。つまり、「全員参加型」ですから、全員が会社経営に参画するという経営方法です。

「従業員はパートナーである、使われる側と使う側ではない」ということの本を読んで、「これだ！」と思った私は会社を辞めて、自分で起業して会社を設立、「パートナー経営」を理念として経営を始めたのです。

大学卒業後、オフィス機器の大手メーターに就職し、順調に人生を歩んでいたが……（右端著者）

起業当初、もう倍々ゲームで売り上げが上がりました。何を売ったかというと、ちょうどその頃、商店などの個人経営から大型スーパーが日本中にできる時代でしたので、そのスーパーに設置する陳列棚だとか、冷凍ケースといったものです。それが倍々ゲームで売れて、私はますます自惚《うぬぼ》れました。どんどん人も採用して、給料もどんどん出しました。でも結局、私は売るのは得意だけれども、経営者ではなかったのです。

ある時、取引先がデータバンク会社で調べた私の会社の点数を見せてくれたのですが、そこに書かれていた内容を見て驚きました。営業力は一〇〇点に近かったけれども、財務力が〇点に近かったのです。極端な数字です。しかし、確かに私のやっている経営はそのとおりでした。

数字は正直なもので、そんなどんぶり勘定の会社ですから段々資金繰りが苦しくなっていきました。結局資金の使い過ぎなのです。従業員もどんどん増えて、高い給料を払い、会社のお金で良い車を買って与えたり、とにかくザル経営になっていたのです。

私は「パートナーシップ」という言葉に安易な理想を描いていたのかも知れません。

会社の経営が悪くなってきたので、早いうちに辞めた方がいいと思い会社を閉じました。

会社というのは閉めると必ず借金が残るのです。その借金を整理するために、手に入れた家から、持っている土地からすべてを売りました。その当時、すでに結婚しており、育ち盛りの子供も三人いました。これはなかなか大変な事態です。

「家族は何とかして守らなければならない」という一心で、「会社を閉めてその借金返済のために家がなくなってスッテンテンになるけども、金を貸してくれませんか」と片っ端から銀行を廻って訴えました。でも、どこの銀行も貸してくれるはずもなく、門前払いの毎日でした。

最後に、私の住んでいる家のすぐ前にある地元の銀行に行ってみたのです。自分で会社を経営しているときには大手の銀行しか取引がありませんでしたから、地銀のことは頭に浮かばなかったのです。

どこの大手銀行も門前払いだったにもかかわらず、その地銀では、支店長室に通してもらえました。そして、私の話を支店長がおもしろそうに聞いてくれて、「あなたの話はなかなか面白いですね。私は、あなたが復活しそうな気がしますよ。いいでしょう、融資を検討します」と言ってくれたのです。しかも「ご家族も家がなくては大変でしょう。懇意にしている不動産会社がありますから家も探してみましょう」とまで言ってくれたのです。

そして、支店長が紹介してくれた不動産会社がすぐに家を手配してくれました。その家のローンもまた支店長が組んでくれたのです。それで何とか家族を路頭に迷わせることなく引越しができました。

ここからまた、営業マン生活の始まりです。縁あって某電気メーカーに雇ってもらうことになり、店舗関係の機材を売りました。そこで一生懸命やっていると、営業に行っていた会社の社長が、「白澤さん、常務として迎えるからうちの会社にこないか？」と誘われて常務としてそこの会社に入りました。

この会社はビル管理の会社でした。ビル管理とはボイラーマンを派遣したり、清掃を請け負ってビルの清掃をやったりなど、人事管理の仕事です。しかし、どうも私の営業マンとしての虫が治まらない。

そんな思いを感じているある時、新聞の折り込み広告の中に作業服会社のＦＣ店の店長募集を見つけたのです。これなら直接お客様と商談ができる商売だと考えて、常務の席を捨てて転職をしたのです。

しかし、ＦＣ（フランチャイズ）店の店長というのは、サラリーマンの世界とはあまりにも違いすぎました。特に私は、会社を訪問する営業しか経験のない人間でしたので、待っている接客は辛かったのです。会社を一軒一軒回って歩く営業というのは、大変なときは本当に大変ですが、割と時間が自由です。毎日の活動は自分で予定を組み立てて行動できます。

ところが、チェーン店の場合は、朝の八時から夜の八時まで、ずーっと店の中にいなければならない。これは私にとってはとても苦痛でした。

運命の大きな節目となった転職

店長の仕事に悩んでいるうちに、読売新聞の全国紙の広告に「コンピュータ会社で営業所長募集」というのが出ていたので募集してみました。

応募して内定はもらったものの、私は正直とても不安でした。なにせコンピュータなどそれまで縁がなかったのですから、「そんなものが私に売れるのか……」と悩んでいるときに、フッと思い出したのが千葉県下総中山というところにある「鬼子母神」です。なぜこのお寺だったのかというと、私がまだ小学校に入る前の小さい頃に、よく母親に連れられて下総中山のこのお寺にお参りに行った記憶が蘇ったのです。

だいたい私は神様、仏様を信用しないほうなので、この感覚は不思議でした。でも、気になり出すと気になって、なんとなくそこに足が向いたわけです。

「小さい頃に行ったけど、あのお寺は今もあるのかなぁ」という感じです。久しぶりに総武線に乗ってみると、沿線の風景もみんな変わってしまっていました。それは、幼い頃の面影など微塵もないくらいです。

しかし、鬼子母神は幼い頃に見た記憶そのままでした。参道を通ってお参りをし、「今度このような会社に勤めます。どうぞうまくいきますように……」と、そんなことを祈願して、帰りの参道を歩いていると「占い」の看板が目にとまったのです。

その占い師を見ると明らかに日本人ではない女性が小さなテーブルを前に腰かけています。まるで不思議な力に吸い寄せられるように、私はその占い師の前に座り、これまでのできごとを話しました。するとカルマ・カイヤムと名乗る占い師は「コンピュータ会社に行きなさい。必ず成功します」とはっきりと断言したのです。私は、「やっと答えをだしてくれる占い師に出会えた！」と、このときに喜びがこみ上げてきました。

私はそれまでにもマスコミにも登場するような占い師を何人も訪ねたことがありますが、帰ってくる答えは曖昧なものばかりで参考にならなかった経験がありました。ですから、今でもあのときの感動は忘れられません。あの力強いアドバイスは、今も私の占いの原点となっています。

これが、私の恩師となるカルマ・カイヤム先生との出会いでした。

占いを信じ、まったく無知の領域のコンピュータ会社に就職すると、占いの言葉どおり、営業マンとして全国一位の売上を記録する業績を上げるまでになったのです。

今、私の鑑定に来る相談者のなかには「神様参り」ばかりやっている人がいます。あっちの神様、こっちの神様と参っては、それだけで満足してます。

私は、そのような相談者に「ちっとも願いが叶わないなら辞めなさい。お金をドブに捨てるようなものです」と言うと、「そんなこと言うと神様に怒られますよ」と、むっとして言い返してきますが、そんなことはないのです。神様は怒りません。その相談者がお参りしている神社仏閣に本当に神様がいるのであれば、とっくに願いが叶っています。

「願いが叶わないのであれば、あなたが参っている神社は力がないですよ。あっち、こっちと渡り歩いても願いが叶わなくて、お賽銭ばかりとられて。私もそんな経験をしてきたから、このインド密教占術のパワーに圧倒されたんです」とお話しししています。

少し話がズレましたが、カイヤム師の言葉を力に、未知の世界に私は飛び込んでいきました。

入社当時、コンピュータとまったく縁がなかった人間が研修期間に入りました。同時入社の他の人は、あっという間に覚えて第一線に飛び出していくのに、どうしても私だけがいつまでたっても覚えられませんでした。その会社は渋谷にあったのですが、渋谷の駅前の古いビジネスホテルに泊まり込みで研修していたのです。

朝は人より早く会社に行くために、八時半始まりのところを七時半くらいには会社に行きました。自習をしていると人が集まり出してコンピュータの練習が始まります。とにかく後から研修に来た人もみんな一か月で研修を終えて家に帰ってしまうのに、私は二か月経ってもまだ帰れないのです。そんな私を見て、専務が気の毒がって「もういいから」と満足にコンピュータを覚えないまま家に帰りました。

そして、いよいよ会社に正式に入社した後、社長から呼ばれたのです。「いよいよダメかな……」そんな思いも脳裏をよぎりました。しかし、社長の話は、「全国の営業所を立ち上げます。郡山にもつくるのでそこでやってほしい」という提案だったのです。その当時、私は郡山に住んでいたので引き受けました。

まずは、郡山の営業所になる事務所を探し、事務員の女性を採用して二人で郡山営業所をスタートすることになりました。

本社から全国の営業所に向けて、「全国でコンピュータソフトの第一号を売った人に、スーツを作ってあげます。そして、報奨金として五〇万円を出します」という話がありました。

売るのは、コンピュータのソフトです。しかも、ものすごく高額なソフトです。いろいろなオプションをつければ一千万円くらいになってしまうもので、基本的なソフトでも三百万円より下はないものです。ですから、その報奨金の話を聞いたとき、私は満足にコンピュータの操作もできないわけですから「そんなの私には関係のない話だ」くらいにしか思っていませんでした。

とにかく報奨金よりも営業です。新規取引会社の開拓方法は、まず本社が数百枚ものダイレクトメールを全国の設計事務所、建築会社、工務店といったところに出して、反応があったところに行くように全国の営業所に向けて指示が来ます。

ある日、ダイレクトメールで問い合わせがあった郡山の設計事務所から「詳しく説明が聞きたい」と言われて出かけました。私は不安ながらも設計事務所に行って、自分の習ったことだけを説明しました。すると、「実際にやってみて」と言われて、少しは覚えていましたからやってみたのですが、やっぱり途中から上手くいきません。

「なんだ、売る人が上手くできないんじゃ、困っちゃうねぇ」と笑われてしまいました。

そこで引き下がっては買ってもらえないと思い、とっさに、

「いいえ、買えばわかりますよ。私ができなくても、本社からプロのインストラクターが来て教えてくれるから、買えば大丈夫ですよ」

なんともへんてこな理屈です。

すると早速、そこの設計事務所の所長さんから本社に電話が入りました。「お宅の白澤さんという人に来てもらったんだけど、ソフトは操作できないし『どうするの？』って言ったら、『買えばわかりますよ』なんて言われて、こういう営業マンは初めてだ」と言われました。

でも、私の営業は決して悪い印象ではなかったようでした。本社からプロのインストラクターに来てもらって、結果的に買ってもらえたのです。

そして、その月の営業成績を締めてみたら、なんと全国で第一号を売ったのが私でした。もちろん報奨金ももらって、スーツも作ってもらいました。私はその頃、経済的に困窮していて、テカテカ光るようなスーツを着ていたので、とてもありがたかったのです。

これがきっかけとなって、本社の専務が郡山に来て「君の営業力はすごいよね。あんたのような人に、コンピュータソフトの操作をやれって言ってもちょっと大変かもしれないから、コンピュータの操作をできる人を採用したらどうだろう」と提案してくれたのです。つまり、もう一人社員を雇うことを許してもらえたのです。

早速、私の知っているコンピュータに詳しい友人に電話をすると、「是非、やってみたい」というので採用して、研修に行ってもらいました。彼はコンピュータの専門家でしたからなんと一週間で覚えてきて郡山に戻ってきました。こうなれば「鬼に金棒」です。それからというものは、彼と一緒に営業に歩いて、私は売る人、彼は操作する人です。

その営業方法はとてもうまくいきました。彼と営業を始めた月を締めてみたら、私の営業所が一番売ってしまって、一年後には売上日本一になってしまいました。

今度は会社からの報償として、家族全員でヨーロッパ一周旅行に招待されたりしました。バブルの頃だったので、景気が良かったのです。

私は大学時代からいろいろな本を読んでいましたが、あるマーケティングの本に、「営業というのは、物を売るのではなく、夢を売るんだ」ということが書いてありました。私はそれを応用したのです。

成功と挫折を繰り返しながら……

まず、「とにかく見てください」と商品を見てもらうことが第一段階です。そして、ソフトの操作はインストラクターにやってもらいます。

「どうですか、これまでは散々苦労していた図面書きもこのコンピュータを使えば、平面図さえあれば平面図をなぞるだけで、立面図だろうが外観パースだろうが内観パースだろうが、あらゆる図面があっと言う間にでき上がります。しかも図面だけではなく、積算見積もり、その他必要なものがすべてできます。すごいでしょう！　欲しいでしょう！」と言うと、営業先の担当者だけではなく、社長も所長も「すごい！　欲しい！」と目の色が変わります。それで、ほぼ契約になります。

他の営業所を見てみると、研修時にコンピュータは得意、口数も多くて、さぞ良い成績を上げるだろうと言われていた人たちは月に一台か二台売れば上出来で、一台も売れない営業所だってあります。ところが、私は毎月八台から十台売りました。そして営業をかける地域はどこでもいい、いわゆるフリーテリトリーになり、茨城県や栃木県にも営業に行きました。

私の営業方法は、朝会社に着いたら、まず電話をかけます。「こういうものが今度出ました。一回見てみませんか？」と。設計事務所は、図面を書くのに大変苦労しているので、「見てみたいな」となります。

そして実際に行って、デモンストレーションをすると、お客さんは欲しくなるわけです。私が行ったところの受注率は約九割くらいです。

私にはわかるのです。会社の玄関を入る時に「ここは契約できるな」「ここは、今日は無理だろうな」という勘がなぜか働き、それがはずれることはありませんでした。それだけではなく、「今日は大丈夫」とか、「今日はダメだけど、明後日あたり再度訪問すれば契約になるな」ということをなぜか感じるのです。というわけで、私は門外漢だったコンピュータソフトをどんどん売りまくりました。

しかし、これまでお話ししたように、私だって決して楽な道を歩んできたわけではありません。会社の倒産や友人の保証の返済、家族を守るためにあらゆる仕事をやって来ました。

ですから、相談者の抱える悩みや痛み、苦しみ、葛藤もよくわかるのです。つまり、カイヤム先生が見抜いていたのは、コンピュータ会社であろうとどこであろうと、私は営業マンとして実績を上げることができるということだったのです。

カイヤム先生は「あなたは空気でも水でも、何でも売れる人だ」と言いました。「まさか、水なんて」と、その当時は思っていたのですが、確かに私は友人に手伝ってほしいと言われ、片手間に手伝ったにもかかわらず、医療用に医者が開発した水と水を造る器械を販売して、その会社の正社員営業マンの十倍以上を売ったこともありました。

しっかり食べると開運する

これからみなさんにちょっとした開運法をお伝えしたいと思います。みなさんの毎日の生活習慣で「運の良い人」「運の悪い人」に分かれてしまう大きなポイントがあります。それは多くの相談者を観てきた私の経験から導かれた持論でもあります。

ここで取り上げる生活習慣とは、「身なり」「食」「生活リズム」です。当たり前で、簡単なことかも知れませんが、これはあなたの運気を上げるためにとても重要なファクターなのです。

「なんで、今までずっと不幸なんだろう」と悩んでいる読者は、まず、ご自分の「生活リズム」や「食」「身なり」「整理整頓」を振り返ってみてください。それらのどこかがおかしかったからそういう結果になったのかもしれません。

運を開くために、まず、あなたがやらなくてはいけないことは、規則正しい生活習慣に変える、活動時間や睡眠時間などの生活のリズムを整える、パワーをつかむ食事をする、清潔な身なりを整える、キチンと言葉で思いを伝えることが開運の入口です。

まず、「開運」について少しお話ししましょう。

私は学者ではないので断定してお話しすることはできませんし、食べ物についても栄養学の専門家でもありませんし、身体のことであれば医者でもないし、トレーニングの専門家でもありません。ですから、専門的なことや理論的なことをお話しすることはできませんが、ただ、私の言えることは、数万人という私の所に実際にいらした相談者の話を見聞きして、その結果、私なりに「なるほど」と納得いったことです。

たとえば、歳を重ねても健康でボケない人がいます。ボケを防止する方法は医者や学者がいろいろなことを言っていますが、健康で長生きして、たとえば八〇代、九〇代でも現役でバリバリ仕事をしたり、運動したり、趣味をもっていたり、行動的な人は、食べ物のバランスが良いのです。ちゃんと肉も食べていて、野菜も食べ、そのほかに穀類や水など非常にバランスの良いものを食べています。

逆に、これもやはり私のところに来た相談者で、六〇代、七〇代で、あっちが悪い、こっちが悪い、歳の割に顔のツヤが悪くて、シワが多い人ほど、意図的に肉を避けている傾向があるのです。

また、中には一日に二食しか食べない人や偏った食事をしたり、食事制限をしている人も実年齢よりも老けているし、いつでも体調不良を訴えている不健康な人が多いのです。

もちろん、医者から食事制限を指示されている方は別です。

一日の食事を制限して、食べなかったり、二食にしたりすると、常にイライラしてストレスが溜まります。これは良くないです。もちろん暴飲暴食は良くありませんが、三度三度キチンと食べること、食事内容を自分が納得のいくように食べること、栄養のバランスよく食べるということ。そういう人のほうが、私が観てきた限りでは、健康で長生きして、いつまでも活躍していらっしゃって、そして若いです。そういう人が開運にもつながると経験で感じています。

「食事」とは、基本は楽しみでもあります。もちろん疾病がある方は別として、無理な食事制限をしたり、あれは食べてはいけない、これも食べてはいけないという食生活を続けていると、イライラして「運」まで逃げていくように思います。

そして、私もそうなのですが体調が良いとき、運が良いときは「何を食べてもおいしい」のです。人間は「食べる」ということも一つの楽しみですから、おいしいものを食べて、「あー、幸せだなぁ」と感じるのです。

私はつくづく思いますが、やはり「食べる楽しみ」というのは必要です。また、私はお風呂入ったときも、「あー、幸せだなぁ」と感じます。このように日々の生活の中でちょっとしたことに「幸せ」を感じることが「開運」に繋がっていきます。

一日が終わり、お風呂に入ったとき、「ああ、今日も一日、良い日だった。本当に幸せだなぁ」とつくづく感じます。寒い季節など、あたたかな布団の中に入ると、「あー、幸せだなぁ」と、また感じるわけです。だいたい、人間の幸せはそのようなささやかなものの積み重ねです。その何気ない当たり前を「幸せ」と感じられることが良い運気を呼び込むのです。

日々の小さな幸せを素直に感じられるということは、そこに入り込むストレスがなくなって、自身の心も整います。些細なことかも知れませんが、このような幸せを感じられるということは、きっと人間関係や仕事の悩みも軽減されているときだと思います。自分の生活習慣を見直すことで開運に繋がるのであれば、しめたものです。これをヒントとして、みんさんも生活習慣を見直すことから始めてみてください。

運気を上げたいのなら楽しんで身の回りを片付けよう

私のところに悩みを抱えてくる人たちは千差万別で、職業に共通した特徴などはありません。サラリーマン、主婦、ＯＬ、学生、社長、医者、占い師などさまざまです。公務員も相談者としては多いほうです。

たとえば、官僚の方の場合であれば「事務次官になりたい」とおっしゃいます。事務次官より上はありませんから、つまり、頂点、トップになりたいという出世欲です。しかし、このような願いは特別なことではありません、「欲」のない人はいないのですから。

地位のある人、偉い人は偉い人ほど、金持は金持ちほど欲があるものです。むしろ貧乏している人の方が欲は少ないのです。私は、「欲」は必要だと思っています。欲があるということは、上に行こうという「向上心」があるということですから。

「私はなんの欲もありません」と言う人もたまに来ますが、それは嘘なのであって、欲のない人はいません。ただ、欲が強いか弱いかということと、欲が具体的であるかどうかということが私に言わせると大事なことだと思います。

よく「ノートに自分の一年後の目標、三年後の目標、五年後の目標を書け」という目標達成に向けた方法があります。この方法も目標、即ち「こうなりたい」という願望、欲を具体的にするためです。私も家の中を整理して、営業マン時代の古いノートからその当時の高い目標、向上心という「欲」がビッシリと書かれているのを見て「日本一」も偶然ではなかったことを実感しました。

先にもお話ししましたが「身だしなみ」は大事です。身だしなみと、洋服にお金をかけるというのはまた別な話です。「身だしなみ」というのは、高いもの、安いものではなく、スーツであれば、外出から帰ってきたら毎日ブラシかけて、定期的にクリーニングに出していればいつも清潔で新品同様で着られます。

「外見なんてどうでもいい、人間は中身だ」と言う人もいますが、私が数多くの相談者を観てきた限り、「外見と運」はおおいに関係があります。

運の良い人ほど身なりもキチンとしています。運の悪い人ほど、外見にこだわらない人が多いのです。「良いものを身に付けている」というのは、高いものを身に付けているという訳ではなくて、清潔でキチンとしているということです。

たとえば、私のところに相談に来られた方たちから得た経験ですが、「なかなか結婚できない」という男性、女性に関係なく、相談者に共通していることがいくつかあります。

その中の一つが、外見にこだわらなさすぎるのです。

要するに、本人は「私の外見はどうでもいい。中身を見てほしいんです。外見にこだわるような男性とは結婚したくないんです」と言う女性がいますが、そのような考えの女性は、考え方を変えない限りだいたい一生結婚できません。これはあくまで私が見聞きした限りですが、やはり、私のところに相談に来るのに汚れたものを着ていたり、異臭がするものを着てくる人がいますが、そういう人ほど結婚できない人が多いのです。

やはり人間というのは、いくら中身といっても、初めて会ったときにどこで見るかというと「身なり」で見るのです。女性が男性を見るときは、顔とかスタイルも大事かも知れませんが、やはり着ているもの、身に付けているものも見ると思います。

たとえば、先日「良縁」を目的としていらした男性相談者ですが、勤め先も名前が通った大手の会社に勤務されていました。外観も特別悪くない人なのですが、もう二〇回くらいお見合いして、全部断られているというのです。

「なんででしょう。僕は結婚運がないんでしょうか」と言うのですが、確かに結婚運が弱いということも、運命的に観るとありますが、だからといって「絶対に結婚できない」とはなりません。

そういった運の弱いところは私の「気のパワー」や「霊符」でいくらでも改善できますが、結婚に関してはある程度自分で努力してもらいたいこともあります。その相談者の場合、一流会社に勤めているわりには、生地は悪くないのにスーツはヨレヨレで、ズボンもシワクチャで、靴も汚いのです。

どれもダメなのですが、特に靴が汚いのは運気を下げます。

これは私の体験からですが、靴はいつも綺麗にしておいたほうが運気は上がります。また、スーツのズボンがシワクチャのまま履いているのもよくありませんし、スーツと靴の色、シャツの色がものすごくチグハグなのも良くありません。

そういうところを女性はよく見ています。また、その相談者は靴下もチグハグで、ダークスーツなのに靴下は白のスポーツソックスをはいていました。話を聞くと、お見合いするときにネクタイをしていったことがないと言うのです。確かに私のところに相談に来るときもネクタイはしていませんでした。

もしも身だしなみとしてネクタイをしないのであれば、ネクタイをしない用のシャツがあります。でも、その人のシャツはネクタイをするタイプのビジネスシャツで、しかもシワが寄ってぐちゃぐちゃで、ズボンはシワだらけ。靴は一度も磨いたことがないのではないかというような汚れた靴を履いていて、靴下はダークスーツに白のスポーツソックス。これでは開運以前の問題です。ですから、そういうところは注意して、まず身だしなみから直してもらうように納得してもらいました。

また、男性もそうですが、女性でもあまりにも身だしなみにかまわない人が来ることがあります。そういう人ほど結婚相手に対して高望みしていることがあります。それは不思議なくらいです。そして、結婚や恋愛に対して「夢」を見ているのです。いつか必ず白馬に乗った王子様が現れて、素敵な結婚生活にエスコートしてくれると。しかし、そういうことはないのです。

このような人たちは、まず運気を上げるために生活習慣から見直してほしいものです。つまり、「最低限の身だしなみは必要だ」という認識、常識を持つことが開運の一歩になります。私もそうですが、人と会うときはネクタイ一つで気持ちも違います。シャツを着ているのにネクタイを締めないでいるときは、なんとなく気持ちが締まりません。

もちろん、私でも「今日は相談の予約が入っていないし、髭もそらなくていいなぁ」と思うと、なんだか気持ちまでダラーっとなってしまいます。それが、髭をそって、頭を直して、身だしなみを整えると、たとえ休みの日であっても気持ちはシャキッと切り替わって、なにか行動を起こそうと前向きになります。

私の感覚は、サラリーマンの方ならよくわかると思います。朝、ネクタイを締めてスーツを着たそのときから仕事モードになって会社に向かうわけです。よく「クールビズ」と言って遊びに行くような服を着て仕事に行くことを奨励していますが、私は「あれでは、なんだか遊びに行きたい気分になっちゃうなぁ」と思ってしまいます。あのような服装ではなかなか仕事へのスイッチが切り替わらないのではないでしょうか。

このように、仕事や人と会うときには「身だしなみを整える」、すると気持ちも整って、モードが切り替わります。ですから、開運を望むのであれば、身だしなみや生活習慣の見直しが大切だと思っています。したがって、だらしない恰好をしているよりも、ちゃんとした格好をしていたほうが運も上がると思います。

しかし、結婚だけは自分で努力したからどうなるという問題ではありません。こればかりは「運」の問題もあります。だからこそ私は、開運の基本をお話ししてから、結婚できる良縁に恵まれる「気のパワー」を入れて、「霊符」を書いて持ってもらうようにしています。

もう一つ、運気を上げるために気をつけていただきたいことがあります。それが「片付け」です。

だらしない恰好をしている人というのは、だいたい部屋のなかも散らかっています。部屋の中が散らかっていたり、ゴミだらけだったり、家が汚かったりすると、その家自体に良い運が入ってきません。

ですから私は、常に不必要なものは捨てるようにするし、部屋もいつも整えて、掃除もちゃんとします。このような生活習慣をしていないと私自身の運が下がってしまいます。それでは、誰も私を信用してくれません。ですから、私は自分でも、自分の運を高めるように毎日の生活を送っています。

とは言っても、取り立てて特別なことはしません。当たり前のことですが、家の掃除をする、片付けをする、ゴミを出す、トイレ掃除をするなどです。家の中でも特にトイレは大事です。

このように自分の身体も清潔で身の回りを綺麗にしていたほうが、「福の神」がやって来るのです。「福の神」がいるかいないかは別として、確実に「運気」は上がります。

第五章

悩み解消、運命を変えた人たち

この章では、「気のパワー」と「霊符」によって願いを叶えた人たちのお礼の手紙を紹介しながら、私が実際にやってきた成功例をご紹介していきます。

私のところに相談にいらっしゃるのは、一般のサラリーマン、OL、家庭の主婦、銀座のクラブのママさん、風俗関係の方、医師、占い師ありとあらゆる人が来ます。私はどういう人が来ても、平等に誠意をもってお答えします。悩み事ももちろん、心の病気だろうが、恋愛問題だろうが、私を頼ってきた人はすべて救わないと気が済まないのです。そうでなければ私を選んで来たお客様に申し訳ないのです。

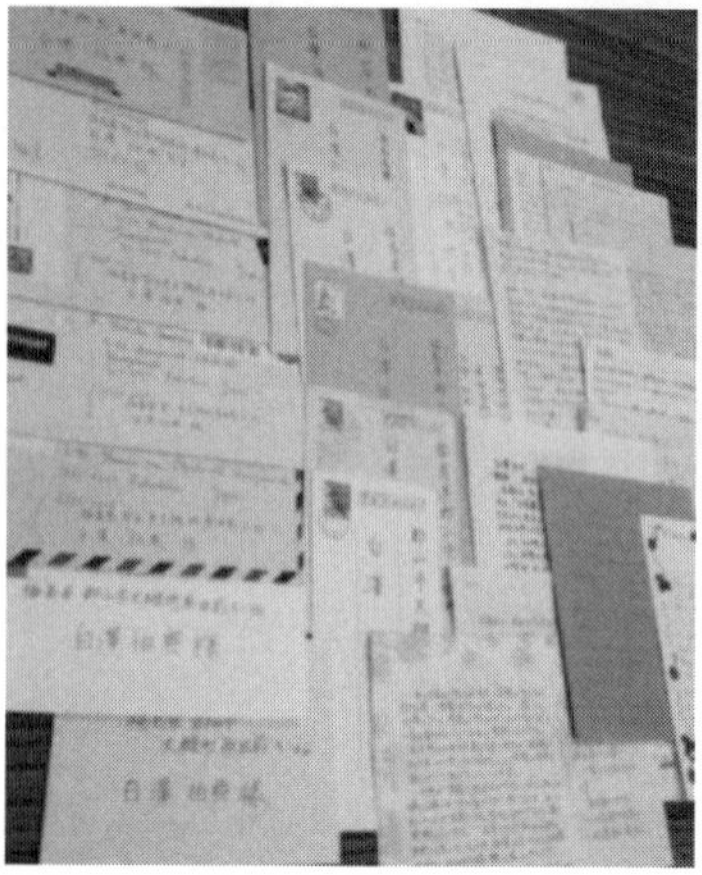

全国から著者のもとに寄せられた
感謝の手紙の一部……

正社員になる夢が叶いました！

この相談者は、長年に渡って派遣社員をやっていましたが、派遣切りにあってしまい、悩んで相談に来ました。

彼の願いは「派遣では不安定だから正社員になりたい」とのことでした。

この方は最初、事務系の仕事を希望していましたが、いくら試験を受けても失敗して採用にいたらないと訴えていました。そこで、私が霊視をして観ると、どうやら事務系は向かないようにみえました。それよりも、むしろ接客の仕事のほうが向いているようにみえたので就職先の職種を切り替えて、接客業を受けてみるように勧めました。

そして、私が「気のパワー」を入れて「霊符」を書いて肌身離さず持っていてもらいました。

それから数週間して、喜びの電話があったのです。東京の老舗デパートの社員になれたと言うのです。デパートですから接客販売の仕事です。やはり、事務よりも向いていたのでしょう、面接でも好印象で、一発で採用になったと報告がありました。

白澤伯典先生へ

正社員になる夢が叶いました！

先生ありがとうございます。おかげ様で念願の正社員として採用となりました。派遣社員として働いておりましたが、不況の波に勤務していた会社も例外なく派遣切りとなってしまいました。いつ辞めてもいいと思っていた会社でしたので、「解放された！」という思いと、今後どのような形態で働いていくのか？　働くならもう派遣はコリゴリ！　やっぱり正社員として働きたい！　でも、まもなく四〇歳という年齢で本当に正社員となれるのか？　不安もいっぱいありました。そんなときに、以前本を購入し、たくさんの方の願いを叶えられていらっしゃる白澤先生がすぐ頭に浮かびました。

それまでも私は、先生の存在はとても気になってはいましたが、先生のおっしゃられる「自分が最後の砦……」という言葉に私が本当にどうにもならないピンチのときにお願いしようと思っていました。

ついに「その時が来た……」と感じました。

私は幸運です。予約の電話をした際、先生は東京出張中とのことで直接鑑定を受けることができたのです。とってもうれしかったです。

郡山までは行けないと思っていたので、電話鑑定でお願いしようと思っていました。先生が東京に出張鑑定されていることは知っていましたが、いつ来られるかもわからないし、ましてや予約が取れるかもわからないという状況なのに、お会いすることができるなんて「私は守られている」と思いました。

実際にお会いした先生は、知的な印象でした。ニコニコされて、スーツをビシッと着こなされており、紳士的。でも、とても気さくで話しやすく、緊張せずお話することができました。「気のパワー」を入れていただくと、先生の手の熱さを感じてとても心地良かったのを覚えています。

相談のときの霊視で、先生がおっしゃるには「エネルギーがまったく感じられない」とのことでした。まさにその当時は不安のまっただ中におり、疲れきっていました。ですが「気のパワー」を入れていただいた翌日には、気持ちも体調もいつもより軽く感じました。

先生から「応募の職種を事務から販売に変えてみては？」と言われたときは「私も事務ではもう通用しない」と思っていたところでしたし、人と接することが好きなので、販売は以前からいいなあ、と考えていたのです。

先生のアドバイスどおりに販売職に切り替え、何件か応募してみたところ、その中から

「面接をしたい」という電話がかかってきたのです。思わず「来たぁ〜!」と本当にうれしくなりました。

四〇歳でも面接してもらえるチャンスが来たのです。これが最後の就活と思い、面接にのぞみました。多少緊張したものの、先生からいただいた「面接がうまくいく霊符」のおかげでしっかりと面接を受けることができたのです。

面接後は気持ちが晴れ晴れしていました。結果は三、四日後ということでドキドキしながら連絡を待ちました。電話で連絡がありました。そうです、待ちに待った「採用です」との一報をいただけたのです。「ヤッター! うれしい! 早く先生に連絡したい!」という気持ちで胸がいっぱいでした。

会社からの電話の後、即、先生に連絡しました。

先生は「今回は大丈夫だと思っていました」とおっしゃっていましたね。本当にそのとおりでした。先生に報告し、ホッとしました。先生のアドバイスどおり、職種を切り替えたとたんトントン拍子に内定までいただくことができました。

先生はおっしゃっていましたね。「八月で決まる。大丈夫」と、ハッキリと。

それが現実となりました。私の希望どおり九十日以内に就活も終了しました。改めて先生スゴイと思いました。

私がこの就活を乗り越えることができたのは白澤先生のおかげなのです。いつも就活の状況を気にかけてくださり、履歴書が戻されうまくいかない時でも「大丈夫だから」と励ましのお言葉をくださいました。この言葉は本当に心強かったです。この言葉で次のチャレンジする力をいただいていました。いつも私のことを気遣ってくださっていただけることに胸が熱くなりました。

田村 和雄（仮名）

一度離れても好きな人と結婚できた

相談者は地方のテレビ局に勤めている女性でした。彼女には社内に結婚を前提に付き合っていた人がいたのですが、彼から「もう会わないようにしよう」と言われ、悩んで私のところに来ました。

彼女は「どうしても諦めきれない」と泣くのです。そうして、「なんとかもう一度会えるようにして欲しい」というのが彼女の願いだったのです。

彼女は、私のところに辿り着くまでに、あちこちの占い師を尋ねて回ったようでした。さんざんお金を使っても効果などなく、彼とは音信不通のままだったのです。

彼女は、「もう占いは信用しない、一切頼らない」と思っていたようですが、なぜか私のところに来る気になったと言うのです。

彼女を霊視すると、縁は切れていないと感じました。それで「気のパワー」と「霊符」を書いてあげたところ、また彼と会えるようになったということです。その後、めでたく結婚もするという嬉しい報告も受けました。

白澤伯典先生へ

まず、信じられないのですが、先生に気を入れてもらってから「会う事をひかえよう」と言った彼から電話がきたり、また会うようになったりと、不思議なことばかり起こりました。今は以前のように彼と会っています。

不思議だと言えば、私は前に電話占いに凝ってしまい、けっこうな金額を払っていました。そのわりに、まったく良い結果も幸せなことも起こりませんでした。ずっと日が経った後、その占い師に電話をしてみたら、電話は繋がらず、その時初めて「だまされた！」と感じました。そんな思いから「もう、占いは絶対に信じない」と心に決めました。

でも、心がふっと弱くなったとき、この人とどうしても結婚したいと考え、先生と出会いました。「行ってみよう」と思った理由は今でもわかりません。でも、先生と実際に会って、話してみて、信じてみようと思いました。

それから先は、最初に書いた通りです。先生を信じて好きな人と結婚できるようにがんばっていきたいと思っています。最後に、先生と会えて本当に良かったと心から思っています。

斉藤　愛美（仮名）

イジメが解消、働きやすい職場に

白澤伯典先生へ

年末の候、お元気のことと存じます。

私は、ホテルの施設管理部に勤務しています。不正するのが嫌なため、それらを組織的におこなっている人たちから睨まれ、常に陥れられたり、いじわるされて困っていました。白澤先生に気のパワーと霊符をお願いしたところ、常に私をイジメの対象として狙っていた人が不思議なことに次々と辞めていきビックリしています。

また、先日は来年の霊符をお願いしたところ、二、三日後、労働組合の方から施設管理部長が二、三年後におこなわれる改装工事を理由に、自分の嫌いな人を辞めさせようと画策していることが早目に露呈しビックリしています。

この人は、次々と辞めていった人たちの中心人物です。私は、何とかそういった罠にはまらず二、三年後の改装工事のあとも会社に残れればいいなぁ、と思っています。

プライベートでは、近所の騒音に困っていたことで、このお願いは無理ではないかと思いましたが、隣人が毎晩午前一時ごろになると大声で歌を歌い起こされてしまいます。あるときは突然に窓を開けて「助けてくれ〜！」と大声で叫んだりするので、一度寝ついた私は精神的にも参ってしまいました。引越すことも考えましたが、先生の霊符のおかげでまったく音がしなくなりビックリしています。

以前、この隣人はカーテンもなく、窓を全開にしていたので、隣人が洗たくを干すとき、私は見たくもないのに見えてしまい、困っていました。しかし、隣人がカーテンを使用してくれるようになったので本当に助かりました。

今後もいろいろあると思いますが、これからもよろしくお願いします。

加藤　勝（仮名）

子宝に恵まれる霊符で健康な赤ちゃんを授かった

この方は、初めてのお子さんになるご長男が障害を持って生まれてきました。そして、旦那様と相談されて、お子さんをもう一人授かりたいという願いで私のところを訪れたのです。しかし、相談に来たときに彼女は四〇歳を越えていました。旦那様も四〇代半ばです。年齢的にも健康なお子様を授かることは厳しいかもしれません。

しかし、彼女は「どうしても、もう一人子供が欲しい」という強い願いを持っていたのです。しかも、女の子が欲しいというのです。

そこで私は、子宝に恵まれる「霊符」に「気のパワー」を入れました。すると、間もなくして彼女は妊娠。今度は健全な女の子を産むことができたのです。ご夫婦は大変喜ばれ、私にその女の子の名前を付けて欲しいと言うのです。僭越ではありますが、お嬢さんの健康と良縁を祈願して名前を付けさせていただきました。

白澤伯典先生へ

過日は「子宝に恵まれる」おまじないと、子供が「健全に成長する」おまじないをしていただき、ありがとうございました。おかげさまで、無事に赤ちゃんを出産することができました。

相談にお伺いしたときは、上の男の子が障害があるため、子供は欲しいけれど、健全な妊娠ができるのかとても不安でした。先生のお力で、順調な妊娠と安産、そして健康な赤ちゃんに恵まれました。本当にありがとうございました。

赤ちゃんは現在四か月になり、ニコニコ笑顔で、表情豊かな女の子で、とても愛らしいです。毎日赤ちゃんを抱きながら、幸せな気持ちでおります。

子育ては大変ですが、子供はかけがえのない宝物です。私自身も子供と一緒に成長していきたいと思っています。

少子化といわれる現在、先生の力は絶大だと思います。先生の偉大なるパワーとお心に感謝いたします。

多忙な日々をお過ごしのことと存じますが、どうかお身体に気をつけてお過ごし下さいませ。落ち着きましたら、子供と一緒にお伺いしたいと思っております。

高橋　和子（仮名）

気のパワーで悩みの飛蚊症から解放された

身体の不調を感じて相談に来る人も多いのですが、この方は「飛蚊症《ひぶんしょう》」という目の病に悩んでいらっしゃいました。眼科に行ったところ、「これは加齢によるものですから治らないです。一生付き合っていくしかないですね」と医師に言われ、ガッカリしていました。「治らない」と言われても目の前に影がチラついて邪魔でしょうがないと言うのです。

そこで、私が「気のパワー」を入れて「霊符」を持ってもらったところ、治ってしまったというお手紙をいただきました。

私にとっては、たいした問題ではないのです。私は常々「医者が治せないものは私が治すから、私のところに来てください」と言っています。もちろん、医者が治せるものは医者に治してもらってください。私は医者を否定するわけでもないし、医学を否定するものでもありません。やはり、医者しか治せない病気はたくさんありますから、医者が打つ手があるというのであれば、医者に治してもらうことをお勧めします。

でも、医者も誰も原因がわからないから治せない、となるとその苦しみはいかばかりでしょう。たとえば「首が痛い」「肩が痛い」「腰が痛い」「目が見えにくい」など、整形外科に行っても治らない、接骨院に行っても治らない、整体に行っても治らない、鍼をやっても治らない、あれこれを回っても治らないという人が私のところに来るのです。

私の「気のパワー」を受けると、一回で治る人が多いです。長くても数回通うことで不調から解放されます。ですから「誰も直せないものは私が治しましょう」とお話ししています。

白澤伯典先生へ

白澤先生、この度はご多忙の中、私の飛蚊症につきまして「気のパワー」を入れてくださってありがとうございます。

去年の十一月に、目に黒く糸くず状のものがハッキリと見えるようになり、それが右目に起こっている現象だとわかりました。その糸くずは視界の中央位にあるものですから、天気の良い日に青空を見ても、花を見ても、本を読んでも、はては日課の瞑想も目を閉じたときに瞼の裏にもハッキリ見えます。私はすっかり困り果てて、眼科に行きました。

すると医師から「これは消えませんし、治りません。一生付き合っていくしかありません」と断定させられ落胆し、藁をもつかむ思いで白澤先生にご相談の連絡をとらせていただきました。

急なお願いでしたが、先生は何度も右目に気のパワーを入れてくださいました。おかげ様であれからはハッキリ見えていた黒い糸くずはうすい煙状になりました。私は神奈川に住んでおり、先生のご出張には東京に行ってパワーを入れていただくことを続けていればかなり良くなっていくのかなと思っております。

白澤先生、これからもお世話になりますのでどうぞよろしくお願い申し上げます。本当に、ありがとうございました。

鈴木　美津子（仮名）

男性運に悩んでいた私が急転、恋人ができた

この方は、男性運に恵まれないという悩みを抱えて「今の自分を変えたい」という想いから私のところにいらっしゃいました。

お会いすると、とても可愛いお嬢さんで、器量が良い方でした。こんな魅力的なお嬢さんが、なぜ男性運がないのか不思議でしたが、霊視をするとやはり「男性運」がないのです。それで、どうしても思うようにいかない現状が続いているのでした。

私は早速、「気のパワー」と「霊符」を書いてあげたところ、間もなく良縁に恵まれて毎日楽しく過ごしているというお手紙をいただきました。

白澤伯典先生へ

先生、この間はお世話になりました。

ごあいさつが遅くなりましたが、今、私は信じられない気持ちと楽しい気持ちで一杯です。このような明るい気持ちになれたのは、先生に「気のパワー」を入れていただいたおかげです。

私は、男性運がなく、付き合っても上手くいかなかったり、好きな人には思われないということが続いて、本当に人生をあきらめていて、投げやりになっていた自分がいました。もちろん、好きな人もいたのですが、彼が私をどう思ってくれているかもわからない状態でした。そんなとき、先生に「気のパワー」を入れていただき、それからというもの、彼との距離が急転して、付き合えるようになりました。

気のパワーを入れていただいてから、一か月も経たなかったので、とてもビックリしてしまいました。

彼とは、まだ付き合って間もないのですが、毎日が楽しくて信じられません。本当にありがとうございました。

ご報告が遅れてしまって申し訳ありませんでした。あまりの嬉しい変化に自分でもついていけなかったので、気持ちの整理がつきませんでした。

本当に「気のパワー」ってスゴイですね。ありがとうございました。「気」を入れてもらって本当に良かったです。

松本　尚美（仮名）

夫婦関係が好転し、楽しい家族の生活が戻った

あるとき、三〇代の奥様から予約が入りました。相談に来ていただきお話をうかがうと、旦那様との関係で悩んでいらっしゃるとのことでした。

具体的なお話しでは、旦那様がかれこれ二年間、まったく奥様に触れようともしないとのことです。ご夫婦にはお子さんもいらっしゃいましたが、旦那様はお子様のことも奥様に任せっきりで子育てに参加することはなかったそうです。

奥様の悩みは「三〇代半ばで、ずっとこのまま夫婦関係もなく一生終わるのはイヤだ」というもので、なんとか夫婦関係を修復したいというご相談でした。

私は、彼女に「気のパワー」入れて帰っていただきました。きっとこれで大丈夫だろうと私は感じていたのです。

数日後、彼女から連絡があり、旦那さんが「君はとても魅力的になった」と言って、夫婦生活が再会したというのです。それだけではなく、子育てに興味を示さなかったご主人が、子供に関してもマメになって子供との関係もとても良くなったと言うのです。

今までは子供の教育や日常のことに聞く耳を持たなかったのに、とても変わったそうで

す。また、これまでは勤め先から帰ってきたら、会話もなく自分の部屋に籠もってしまっていたご主人が、リビングで彼女や子供を交えていろいろ話すようになったり、生活がガラッと変わったと感激していらっしゃいました。

白澤伯典先生へ

先日は大変お世話になりました。

私はご相談させていただきましたように、ずっと主人との関係に悩んでおりました。はじめて会った先生に、何も言わなくても私が今まで感じていたことをピタリと当てられ驚きました。でも、それ以上に、たった一回、「気のパワー」を入れていただいた次の朝、二年近くなかった主人との夫婦生活が、突然再開したことには、本当に、本当に驚きました！

二回目の気のパワーを入れていただいてからは、なんだか主人も明るくなり、子供のことにも耳を傾けてくれるようになりました。

仕事の話も家ではまったくしなかった主人が、「今日、会社で……」と話してくれたり、うれしい日々を過ごしております。

「霊符」も、教えていただいたように、毎日身に付けています。

私自身も以前より主人の気持ちを考えながら、もっと向き合っていきたいと素直に思えるようになりました。

本当に不思議な気持ちと、うれしさでいっぱいです。本当にありがとうございました。

あの時、思いきって先生の所へ行って本当に良かったです。

樋口晴子（仮名）

想いを寄せていた人からの告白に信じられない幸せ

会社を失業してしまい、良いところへの就職を希望して私のところに相談に来たお嬢さんです。良い縁を願って「気のパワー」と就職の願いが叶う「霊符」を書いてあげました。しばらくして、彼女はハウスメーカーの受付の案内嬢として就職が決まりました。その職場で運命の出逢いをしたというのです。

それまでの彼女を霊視したとき、恋愛がうまくいかないことがわかったので「就職と恋愛の良縁も叶うように霊符を書きましょう」と話していたのです。

職場の若き支店長から「付き合いたい」と告白され、恋愛までがうまくいって、今は結婚が決まったようです。

白澤伯典先生へ

こんにちは。以前はたいへんお世話になりました。

報告したいことがありましてお便りしました。新しい会社に入ってもうすぐ一か月になります。まだまだ仕事も一人前ではありませんが、社内のみんなが良い人たちばかりで、毎日、毎日楽しんで出社しています。

そんな中で、社内に入社当初から気になっていた男性がいたのですが、私は入社したばかりでロクに仕事もできないし、もう少し仕事ができるようになったら様子をみて気持ちを伝えようと思っていました。

しかも相手は会社の支店長です。相手の立場を考えると、余計に慎重に行動しなければと思っていました。

ところが、たまたま事務所内で支店長と二人きりになった時、支店長の方からいろいろと話しかけてくれて、私のことを気に入っていると知りました。

私はまさか相手から告白されるなんて思ってもみなかったので驚きましたが、とても嬉しかったです。もちろん私も彼のことが大好きだったので、願いが叶って幸せでした。それからは、お付き合いすることになり、順調に過ごしています。

彼は背が高くて、優しくて、穏やかで、私より三歳年上です。私たちはお付き合いを始めた当初から結婚を考えています。

私は会社をクビになったときの哀しみや苦しみを先生のおかげで乗り越えられて、転職も成功し、その上、とても素敵な人と出会えたこと、この上なく幸せです。

そして、やっと私にも良い伴侶が見つかったことを先生にご報告できる日が来ました。
本当にありがとうございます。
次も、もっと良いお便りができると思いますので楽しみにしていて下さいね。

渡邊　友香（仮名）

「仕事運・金運・職場で長く働ける」は霊符のおかげ

この方の悩みは、転職とご近所とのトラブルでした。リストラで苦しい思いをしている人は多くいますが、彼もまたそんなリストラをされたサラリーマンのひとりでした。近所とのトラブルも大変ですが、まずは生きていくために、彼に合った仕事に就いていただくことです。そのために「気のパワー」と「霊符」を持っていただきました。

彼の抱えていた近所のトラブルは、マンションの上に住んでいる人がバタンバタンと始終大きな音を出しているので、気の休まることがなかったことです。

このような状況も改善するように「霊符」を書いてあげました。すると、上に住む人が静かになったというのです。本人も就職が決まり、元気で働くようになって営業成績もあがったそうです。

この相談者はたいへん生真面目で、神経質なところがあり、転職を繰り返す自分にふがいなさを感じ、自信喪失ぎみだったのです。

そこで私がこの方に話したのは、「あなたが読んだ本では、私はいかにもエリートサラリーマンで、ずっと会社の営業成績も良くて、順風満帆のように書いてあるけれど、決してそうではないんだよ。あれはほんの私の一部であって、私もたくさん失敗してきて、失敗だらけの人間なんだ」ということでした。

白澤伯典先生へ

御清栄のことと存じ上げます。

先般は、「気のパワー」をありがとうございました。また、先日、仕事運・金運・職場で長く働ける「霊符」が届きました。先生の御厚意に感激しております。重ねてお礼を申し上げます。本当にありがとうございます。

さて、その後はアパートでの生活が、だいぶ落ち着いてきました。何度か夜間に騒音で目を覚ますことがあったものの、上階がずいぶんと静かになりました。事態が悪化する前に白澤先生に相談して本当に良かったと思っております。

仕事の方はと言うと、順調にスタートできています。私は数々の職場を経験していますが、現在の職場環境は、なかなか良いと感じています。

先生が今回、「今の職場で長く働ける」ように、「気のパワー」と「霊符」を与えてくださったことに、本当にありがたいと感激しております。

先生が「私もたくさんの失敗をしてきた。私ほどの失敗の多い人間はいないだろう」とおっしゃっていたことに驚きつつも、人生は経験の積み重ねなのだと思いました。「今と、これから」を大事に生きよう、と改めて考えました。
今後ともよろしくお願い申し上げます。

大竹　和正（仮名）

失恋からうつ病に、それでも立ち直った

失恋の痛手から精神的に立ち直れず、薬に頼ってしまう人もいます。この方は、うつ病のような状態になってしまい、やっとの思いで相談に来られたのです。

うつ病になる方にはさまざまな原因がありますが、この方の場合は、失恋した相手の男性のことを思い続けるあまりの精神的なストレスによるものでしたので、原因がはっきりしていました。

かなり重症の症状でしたから、私も念入りに「気のパワー」を入れてあげて、「霊符」を身につけていただきました。

うつ病から脱するにはかなり時間が必要です。この方もまた少し時間はかかりましたが、失恋の痛みから解放され、うつ状態から抜け出すことができました。

白澤伯典先生へ

先日は大変お世話になりました。

現在はおかげ様で精神状態が安定し、睡眠薬も安定剤も必要としなくなりました。

先生にお世話になる前は別れた相手の男性のことが忘れられず、本当に苦しい毎日でした。ひどいうつ状態に陥って、食事もろくに摂れなくなり、朝は目覚めても身体が重くて、まるで鉛のような感じで、起き上がることもできず、会社へも行けなくなった日もありました。やっと仕事へ行っても「心ここにあらず」で、まったく仕事に集中できずにミスばかりしていました。

何をしていても、突然に涙があふれ出て、仕事中なのに何度もトイレへ駆け込んだり、頭がおかしくなりそうでした。

心の中はいつも彼と別れた悲しみで一杯で、いっそ死にたいと思い、駅のホームに立っていると電車に飛び込みたいとか、ベランダに出れば飛び降りてしまいたいと思い、刃物を見ると自分の身体をメチャクチャに傷つけたいという衝動にかられました。

ひょっとしたら実行してしまっていたかもしれないと「ひやり」とする瞬間が何度もありました。すがるような思いで先生に「気のパワー」を入れていただき、一日も早く彼のことを忘れられるようにしていただきました。

すると、不思議と頭がスッキリして、あれほど苦しくて悲しかった想いがスーッと身体から抜けたようになったのです。

自分から努力して彼を忘れようとか、苦しみから立ち直ろうとかしたわけではなく、ごくごく自然にです。今では彼のことを良い思い出――。あれはあれで良かったのだと素直に思えるようになりました。

この頃は食欲も出てきましたし、夜もよく眠れ、日常生活もなんの支障もなく過ごせるようになりました。

今度は幸せな恋愛ができるよう、先生にお力添えをいただきたいと思っております。

先生には感謝の気持ちでいっぱいです。本当にありがとうございました。

太田 沙智子（仮名）

パワハラで退職寸前から人事異動で明るい職場に

セクハラやパワハラといった相談が増えてきたことも昨今の特徴です。このご相談者は有名私立大学を卒業して県庁に就職して一五年の中堅職員でした。配置転換で彼が配属された部署の二人の上司は国立大学の出身でことごとく彼を馬鹿にし、パワハラがすごかったのです。

彼は毎日退職することばかり考えていて、ずいぶん悩んだ末に私のところに相談に来たわけです。

彼は、相談のとき「私は、人生でこれほど苦しんだことはありませんでした」と言っていました。多くの占い師にも相談に行ったようです。

占い師や霊能者に「あなたのこういうところを直しなさい」とアドバイスをされたそうですが、このような場合、悩んでいる人を責めても仕方がないのです。

欠点を直したからといって上司が変わることなんてありえません。私はそんなことはどうでもよくて、その上司が人事異動などで離れていけばいいと考えました。

一般的に占い師は、「あなたにも悪い所があるから直しなさい」「反省しなさい」とか注意されますが、私にはそういうことは関係ないのです。その人が多少性格が悪かろうが、欠点があろうが、それはどうでもいいのです。

考えてみてください、悪いところのない人間なんていないのですから。私もサラリーマンの時は欠点だらけの人間で、性格も悪いところがあったかも知れません。失敗ばかりでしたが、営業成績だけは良かったのです。

だから、人間は何かしら良い所が一つでもあれば、そこを伸ばすようにすればいいのです。この方にも「気のパワー」を入れて、「霊符」を持っていただきました。

すると、次の人事異動で上司がほかの職場へと異動になりました。上司が代わったとたん、職場の環境が良くなって働きやすい職場になったようです。

白澤伯典先生へ

勤めている県庁の配置転換があってから、仕事ができるけれども、ひとクセもふたクセもある人のたまり場のような職場で仕事をすることになりました。

私の上には、課長と主幹、部下は五歳年上の女性という体制でしたが、上司の二人はパワハラを平気でするようなタイプで、配置転換して一年目の何もわからない私に対して、ことあるごとに難しい対応をさせ、ちょっとでもつまずくと衆前で罵倒に近い言葉を浴びせるような毎日でした。

部下は部下で五歳も上なので、年下の上司の私から指示されることが非常に嫌らしく、ことあるごとに反発するのです。おまけにヒステリックな性格で、少し機嫌が悪いと、新米の私に対して難クセをつけてくるといった状況でした。

上からも下からも毎日攻められる状況が続き、毎日が本当に辛く、夜も眠れぬ日々が続きました。

退職することも考え、いつ辞職の話を切り出そうかタイミングを図っているという毎日でした。就職してから一五年ほどたっていますが、初めて迎えるピンチでした。そんな悩んでいるときに目に止まったのは先生の本です。実は、先生をお訪ねする前にほかの占い師を訪ねたことがあります。

私は、その占い師に祈祷の依頼をしていました。何でもガンも治せるとのことだったので、ガンを治すぐらいの力があれば私の問題も改善してもらえるだろうと法外な金額を支払い祈祷をしてもらったのです。

しかし、結果はまったく変化なしです。むしろ悪化したくらいです。すぐにその旨を占い師に伝えたのですが、まったく返答も反応もありませんでした。そんな時に藁をもつかむ思いで先生に「霊符」を依頼したのです。

はじめて電話でお話させていただいた感じも非常に良く、あたたかみを感じました。これまで相談した占い師たちは、「あなたにも悪い所があるから反省が必要」と説教されることも多くありました。確かに私がまったく正しく、相手が一〇〇パーセント悪いということは、ないのかもしれません。しかし、私が反省して解決する問題であればそもそも相談などしません。

やはり、自分以上に相手の態度がおかしいと判断したからこそ、現実的ではない力にしか頼ることができなかったのです。

白澤先生は電話で「それは大変ですね。あなたの『霊符』は優先して書いてあげましょう」と非常に優しい言葉をかけてくださり、私の言うことを一〇〇パーセント信じてくださいました。

それだけでもどれだけ救われたことか。これまで誰に相談しても「人間関係をそもそも良くしようと思うことが間違っている」「あなたにも責任がある」「別に新聞沙汰になっているわけではないからそれほど重要な事態ではない」と言われ続けていたので、なおさら先生の言葉がありがたかったのです。

先生にお会いして、「霊符」が届きましたのが三月でした。なんと、翌月の四月には、最も私にきつく当たっていた部下の女性が異動しました。これで辛く当たる人は三人から二人に減り、女性の代わりに、素直な年下の男性が異動してきました。

この年度は、私も部署に配属されて二年目となりましたから仕事も段々とわかるようになり、部下も頑張ってくれたのでだいぶ負担も軽減しました。

上司の二人は相変わらず、ことあるごとに私に辛く当たりましたが、何とかギリギリ耐えていくことができました。

しかし、翌年度もこの状態が続くのはさすがに身体も精神ももたないと思い、二月に再度先生に「霊符」の依頼をさせていただきました。今回も「霊符」は三月中旬に届きました。

霊符が届いて間もなくの三月二十二日に人事異動の内示があり、上司二人はどちらも異動、後任はどちらも非常に優しいまともな人に代わったのです。本当に夢のようです。

ひとえに先生の「霊符」の効果だと考えております。本当にありがとうございました。

二年間苦しみましたが、私にもようやく春が来ます。

しかし、いろいろな学びはありました。世の霊能者には効果がない人が多いこと、人が悩み苦しんでいるときに頼る人がいないと本当きつい（人は救いを求めている）、仕事ができても人間性の悪い人はダメであることなどです。

でも、今回の人事異動でも、二年前の私のように苦しむことになる人も出ているでしょうし、全国には苦しんでいる人がたくさんいると思います。

私にも先生のような「気のパワー」と「霊符」という能力があれば、苦しむ人を救ってあげられるのに、そんな力があればなぁと思うことがあります。

三月三十日、上司は最後の勤務日、自身の異動先は自分の納得のいく異動先ではなかったということもあったのかも知れませんが、課員に「お世話になった」「一緒にがんばってくれた」などのねぎらいの言葉もなく、部下からの「お世話になりました」「ありがとうございました」とお礼を言う機会も設けてくれず、机を片づけるや否や「お先です」と足早に帰ってしまいました。

本当に人間味のない人だなぁ、と改めて感じました。自分も異動があると思いますが、この上司のようにはならないでおこうと思いました。

四月に先生の「気のパワー」を受けに東京まで行かせていただきます。そのとき、改めてお礼を申し上げたいと思いますが、先生、本当にありがとうございました。

本当に感謝いたします。お礼まで

竹内実（仮名）

あとがき

私は現在、福島県郡山市で活動しております。福島に住む者は、平成二十三年三月十一日の福島第一原発事故以来、大変厳しい風評被害の中で生きています。この地に私が居住していることも深い意味と使命を受けているものと感じています。

震災当初は「放射性物質の影響を受けないよう『気のパワー』を入れてほしい」という被災者からの依頼が増えました。私は、震災直後から被災者を中心として、精神的、肉体的にかなりまいってしまった人が多かったので、その方々が元気になれるようサポートしてきました。

これこそが私がこの地に置かれた意味である、スピリチュアルリーダーとしての使命だと考えています。震災の影響は今も変わらずに多くの被災者の心と生活をズタズタにしています。また、残念なことに福島原発事故後に放射能の危険性のデマを撒き散らしたり、放射能に乗じた悪徳商法なども蔓延《はびこ》っています。

そんな中で、私の存在が被災者にとって「心強い」ものであるならばこんなに嬉しいことはありません。多くの占い師、霊能者は「頑張ること」「我慢すること」を強いていますが、本書でも何度もお話ししてきたように、私のところに辿り着くまでに相談者は十分に悩み、苦しみ、傷つき、もがいて来たのです。

頑張ることはけっして美徳ではありません。そんな精神論で「悩み」も「願い」も解決しないのです。ホームページにも書かせていただいておりますが、私は、自らのことを「悩みから救い、願いを叶える、人生の伴走者」と称しています。

私が身につけた「インド密教占術」による「鑑定、霊視、気のパワー、霊符」は、私を頼って訪れる相談者の願いを叶えるための秘伝なのです。

誰でも初めて相談に来たときは、顔色も悪く、一人で歩けないほど憔悴しきっています。しかし、「大丈夫、今日からがスタートです。過去にとらわれず、着実に良くなっていきましょう」と声をかけて「気のパワー」を注入すると、顔色もポッと色づいてきます。

私は元来、お会いするすべての方を悩みから救い、願いを叶えてさしあげないと自分が許せない性分です。

あなたは本来「光り輝く存在」であるはずです。今、苦しくて、辛くて、解決したい願望があるのであれば、私を訪ねてください。いつでもお待ちしています。

著者

著者略歴

白澤 伯典（しらさわ はくてん）

中央大学法学部卒業後、ビジネス機器大手メーカーに就職。その後、外資系コンピュータ会社などを経て40代のときにインドの占星術師、カルマ・カイヤム氏と巡り会い、インド密教占術による鑑定、霊視、気のパワー、霊符によって願いを叶える秘伝を伝授される。平成10年、福島県郡山市で「運命学研究所」を開設。相談者は全国から訪れ、これまでに1万人以上を鑑定。あらゆる相談にズバリと答えを出す予知能力、願いを叶える気のパワー、霊符には定評があり、個人の心の悩みはもちろん、経営不振に陥っている企業に対しても的確なアドバイスをおこなっている。

主な書籍に『頼れる占い師12人』『新・「頼れる心の治療家」12人』（現代書林）などがある。

現在、東京・大阪にて出張鑑定をおこなっている。自宅出張も可。

運命学研究所　〒963-0201 福島県郡山市大槻町原田前3-46
TEL 024-951-7061　携帯 090-2021-8816

カバーデザイン：シェイラ

奇跡《きせき》の霊符《れいふ》と気《き》のパワー

2014年7月30日　初版第1刷発行
著　者　白澤伯典
発行者　加藤恭三
発行所　知道出版
〒101-0051 東京都千代田区神田神保町1-40 豊明ビル2F
TEL 03-5282-3185　FAX 03-5282-3186
http://www.chido.co.jp
印　刷　モリモト印刷

ISBN978-4-88664-262-2